AF177111

NussKnacker 1

Mein Arbeitsheft

Herausgeber
Peter Herbert Maier, Karlsruhe

Autoren
Sabine Heinz, Pegnitz / Hollenberg
Tanja Klieber, Nürnberg
Karl Landherr, Thannhausen
Uwe Neißl, Kraichtal
Monika Schoy-Lutz, Gottlieben

Berater
Astrid Balzar, Bad Staffelstein
Brigitte Filler, Fürth
Katja Krellenberg, Neubiberg
Wolfram Kriegelstein, Schwabach
Karl Landherr, Thannhausen
Simone Wagler, Münsingen
Nina Schlag, Wendelstein
Christine Schneider, München
Constanze Schürer, Möckenlohe
Barbara Walz, Pommersfelden
Christine Zetzmann, Bad Rodach

Ernst Klett Verlag
Stuttgart · Leipzig

1

2

Willkommen in der 1. Klasse!

3

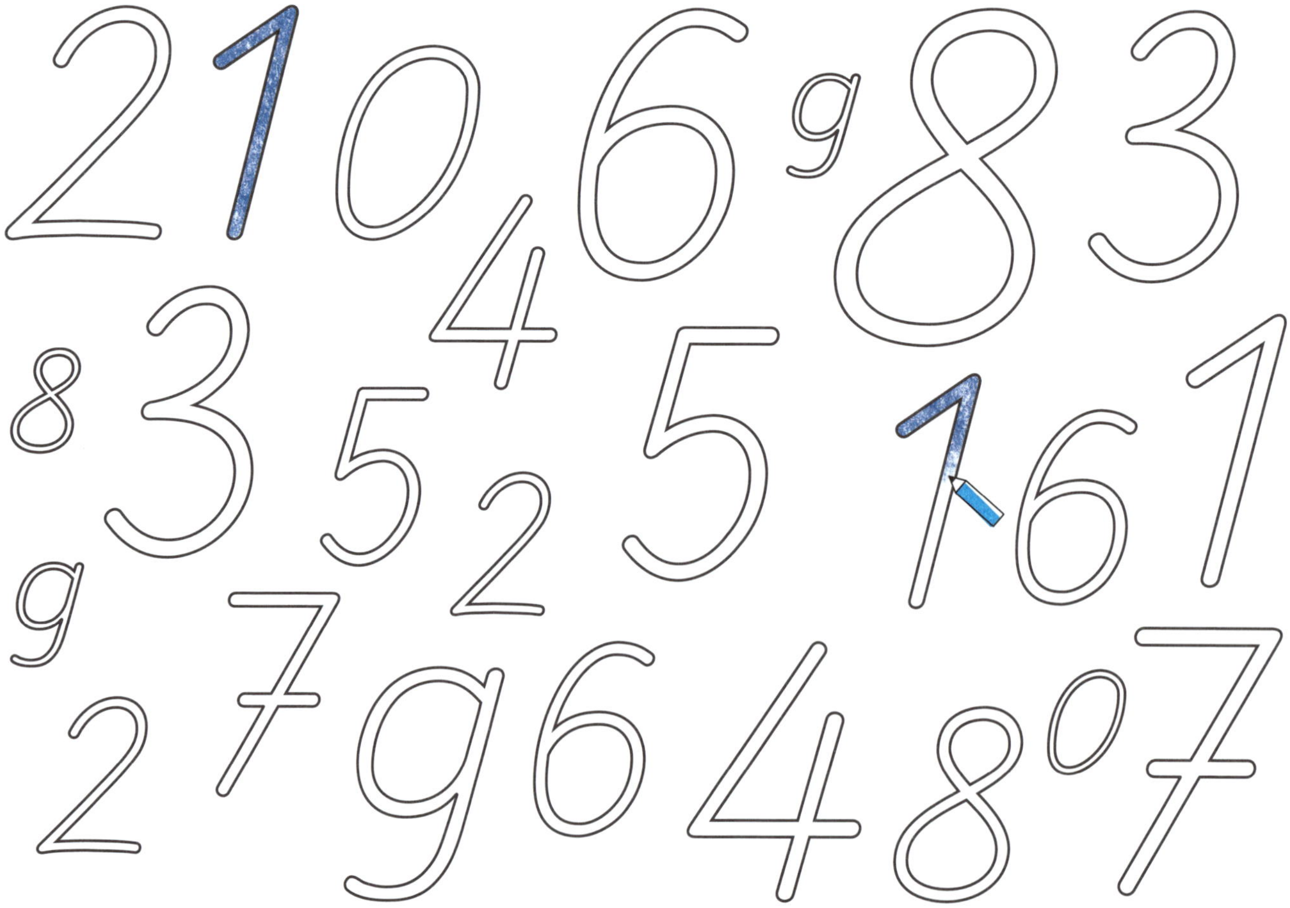

21 0 6 9 8 3
8 4
3 5 2 5 1 6 1
9 7 9 6 4 8 7
2

2

1 In den Bilderrahmen Lieblingszahlen eintragen, auch als Menge. **2** Schultüte selbst gestalten.
3 Gleiche Ziffern in der gleichen Farbe ausmalen.

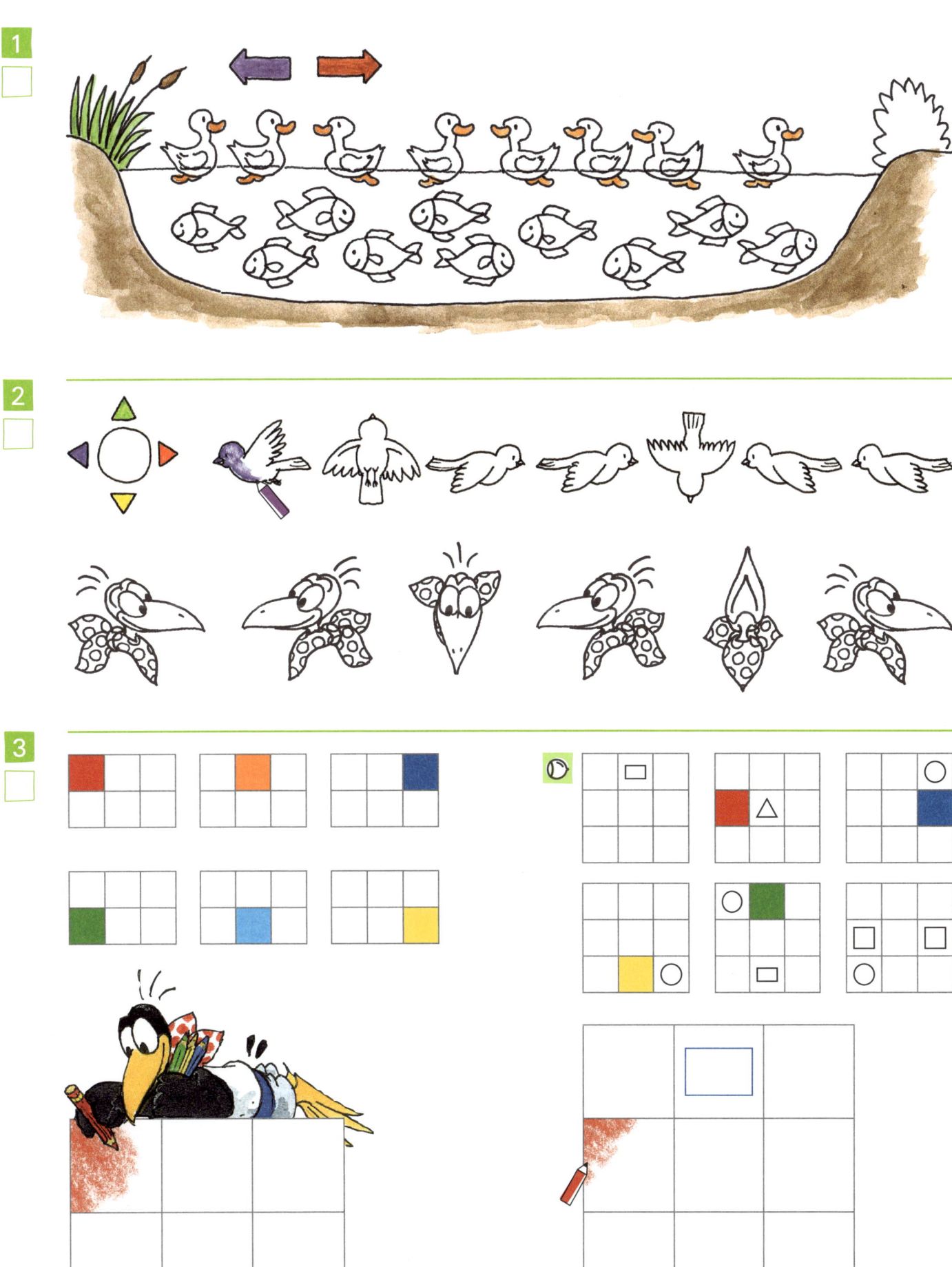

1, 2 Richtungen erkennen und die Tiere entsprechend der Farben der Pfeile ausmalen.
3 Die einzelnen Farben und Formen jeweils in die großen Felder übertragen.

1

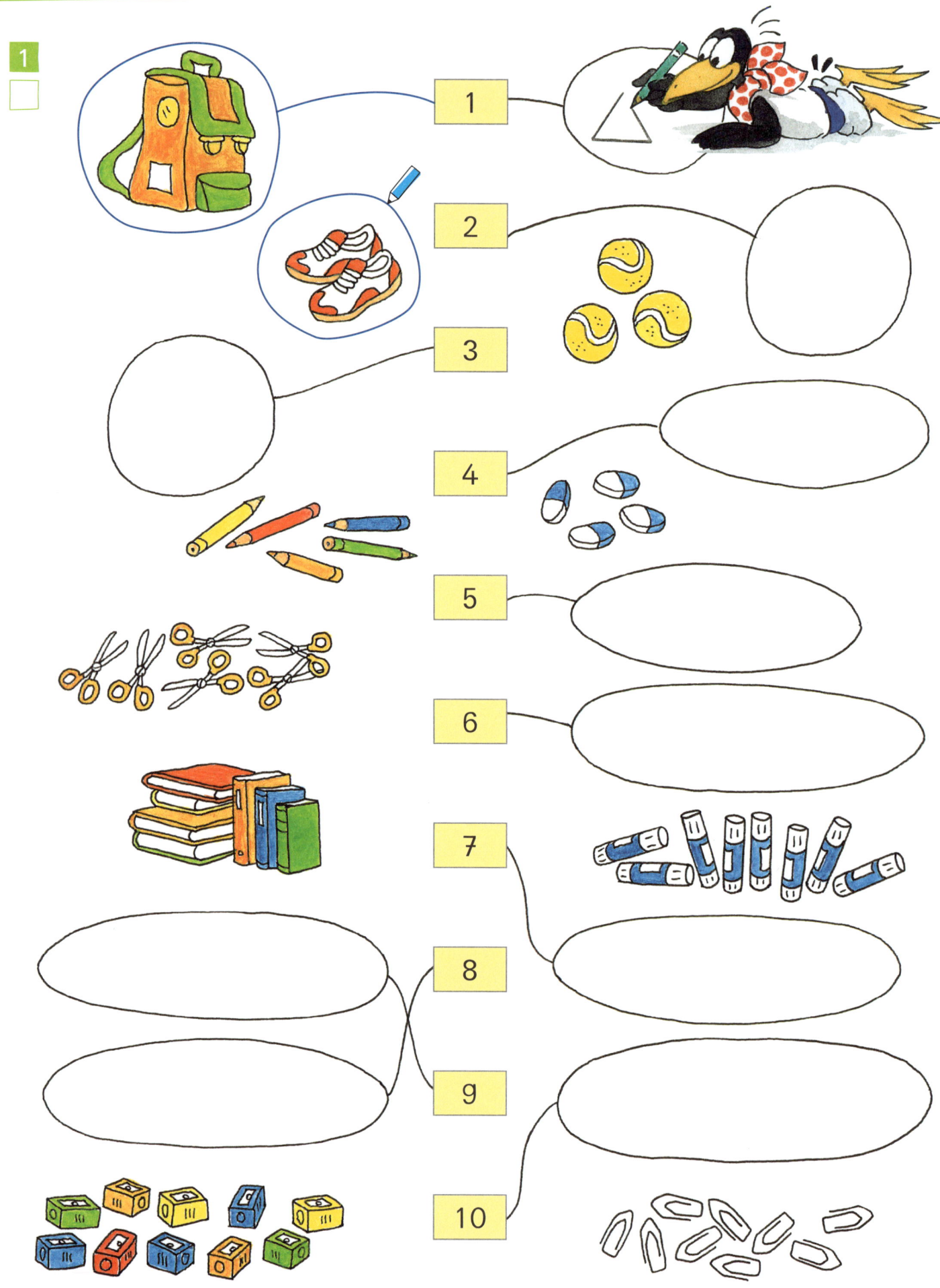

1

2

3

4

5

6

7

8

9

10

4

8 9

1 Menge und Ziffer einander zuordnen. In leere Felder passende Bilder malen.

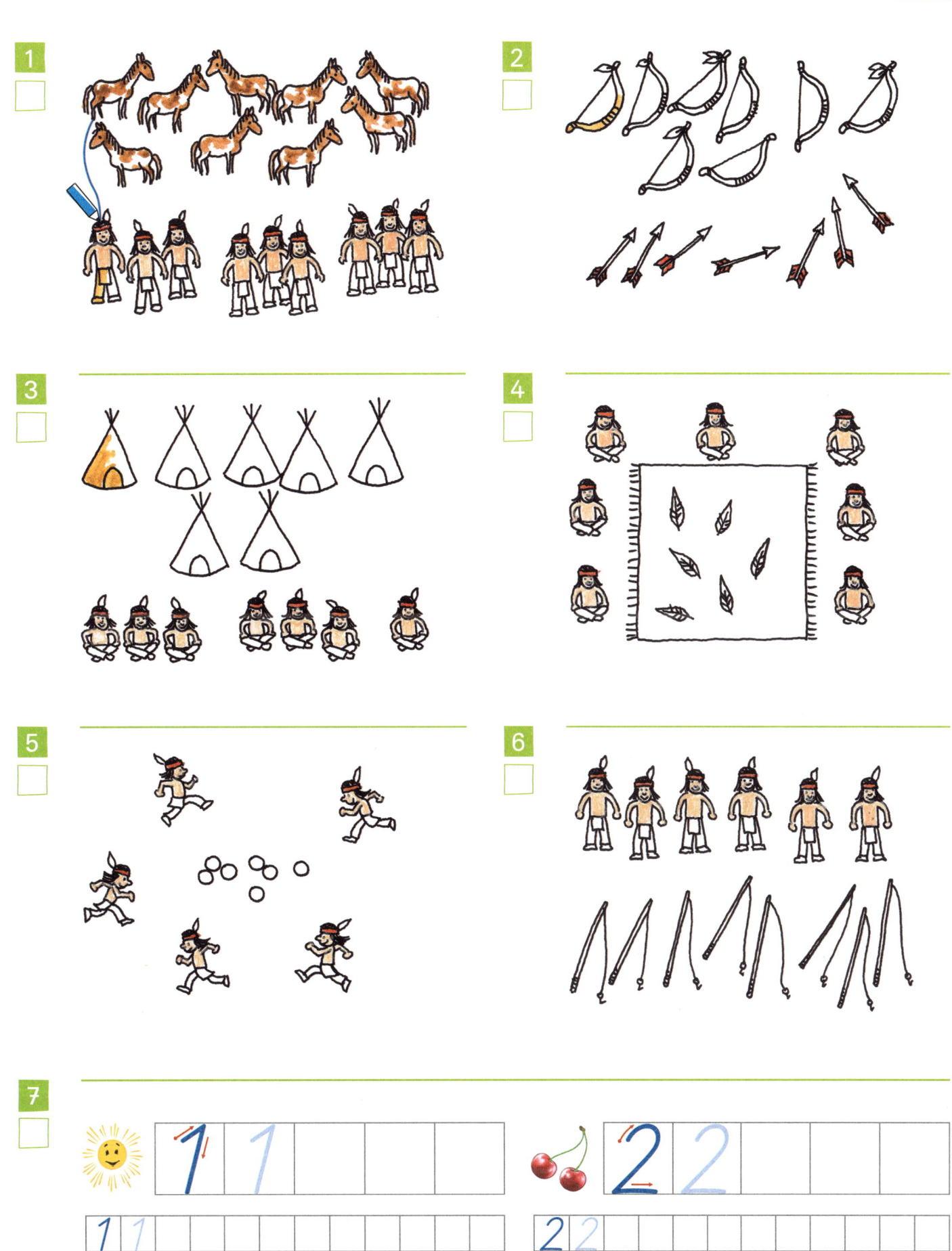

1 – 6 Zuordnungen durch Verbindungslinien verdeutlichen und so feststellen, ob es gleich viele, mehr oder weniger sind. 7 Ziffernschreibkurs 1 und 2.

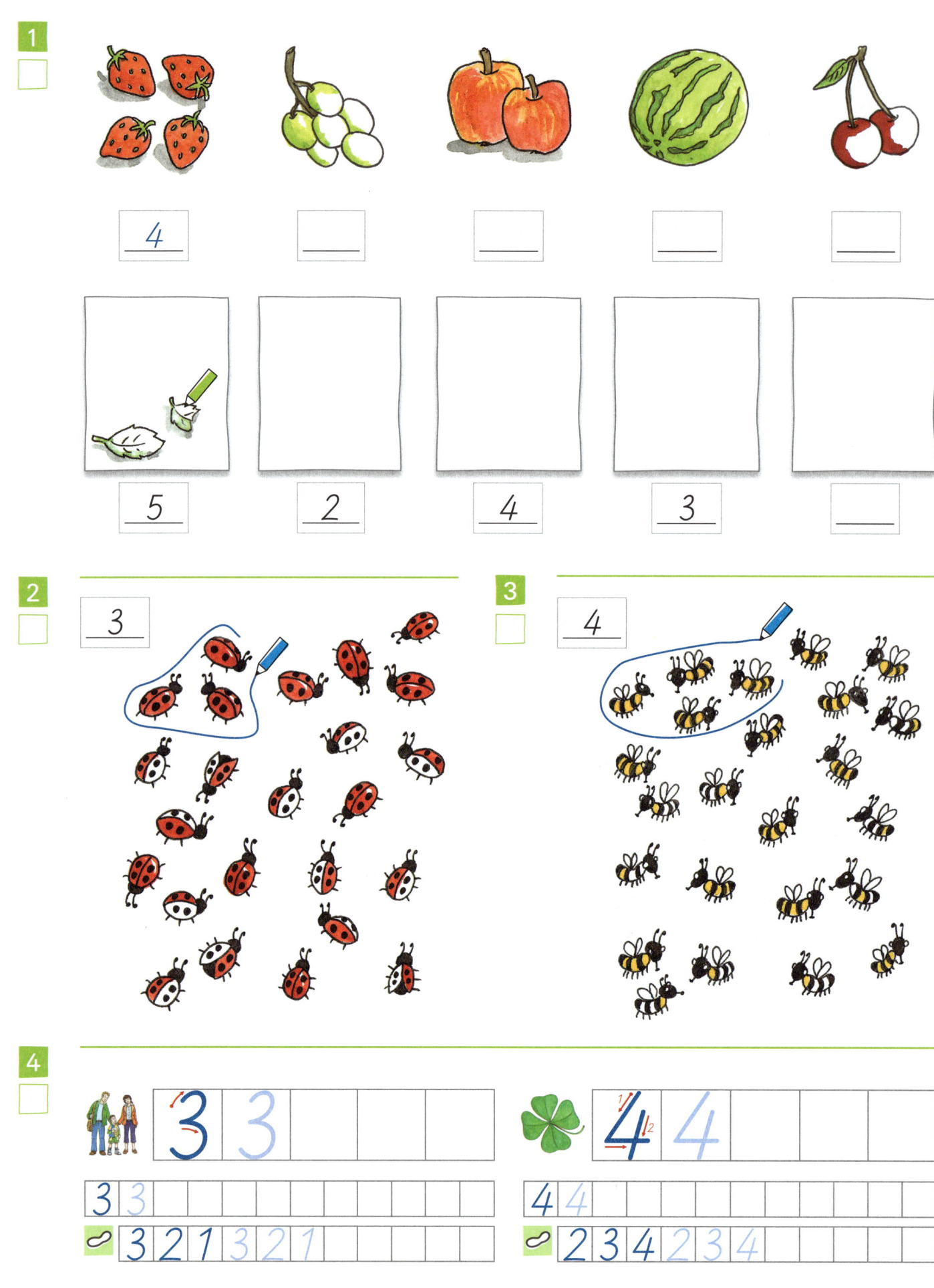

1

| 4 | ___ | ___ | ___ | ___ |

| 5 | 2 | 4 | 3 | ___ |

2 3

3 4

4

3 3

4 4

3 3

4 4

3 2 1 3 2 1

2 3 4 2 3 4

1 Zahlen und Anzahlen einander zuordnen. Bilder mit passenden Anzahlen malen.
2, 3 Gleiche Anzahlen einkreisen.   4 Ziffernschreibkurs 3 und 4.

1

	‖	• •	2
⭐			
🐴			
🐚			
🏴‍☠️			
🏝️			

🐟			
🦀			
🏴			
☀️			
🛢️			

2

 5 5    6 6

5 5   6 6

1 3 5   1 3 5   6 5 4   6 5 4

1 Tiere und Gegenstände auf der Insel zählen, Strichliste anfertigen, Würfelpunkte und Ziffer zuordnen.
2 Ziffernschreibkurs 5 und 6.

12   **7**

1 Immer 3.

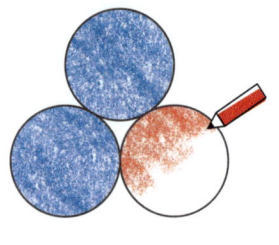 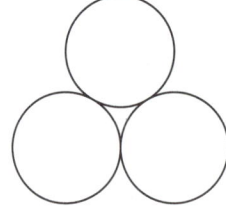 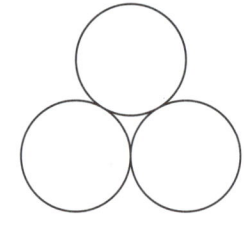 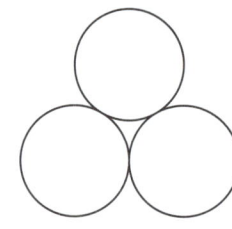

$2 + 1$ $\qquad$ $1 + 2$ $\qquad$ $0 + 3$ $\qquad$ $3 + 0$

Immer 4.

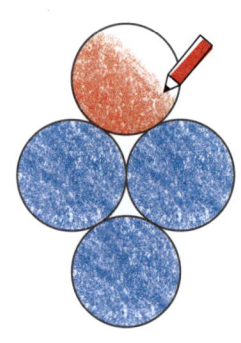 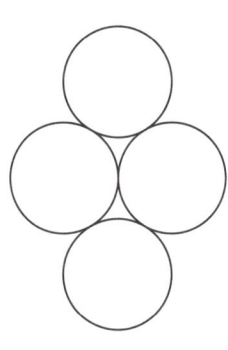 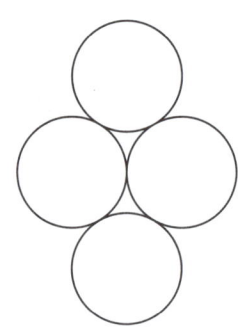 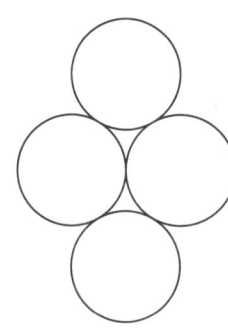

$3 + 1$ $\qquad$ $2 + 2$ $\qquad$ ___ $+ 3$ $\qquad$ $0 +$ ___

Immer 5.

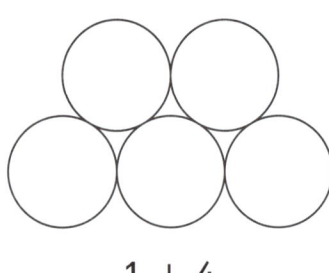 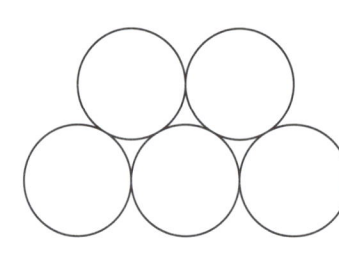 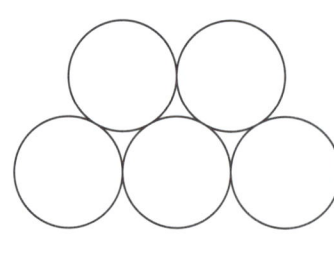

$1 + 4$ $\qquad$ $2 + 3$ $\qquad$ ___ $+$ ___

2 Immer 6. Lege zuerst.

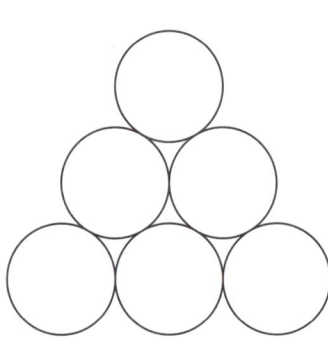

$6 +$ _0_
$5 +$ ___
$4 +$ ___
$3 +$ ___
$2 +$ ___
$1 +$ ___
$0 +$ ___

Immer 7. Lege zuerst.

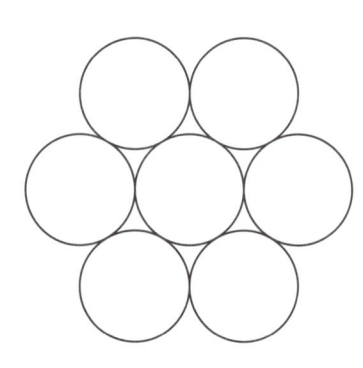

$7 +$ _0_
$6 +$ ___
$5 +$ ___
$4 +$ ___
___ $+$ ___
___ $+$ ___
___ $+$ ___
___ $+$ ___

8

13

1, 2 Jeweils eine Zahl auf verschiedene Arten zerlegen.

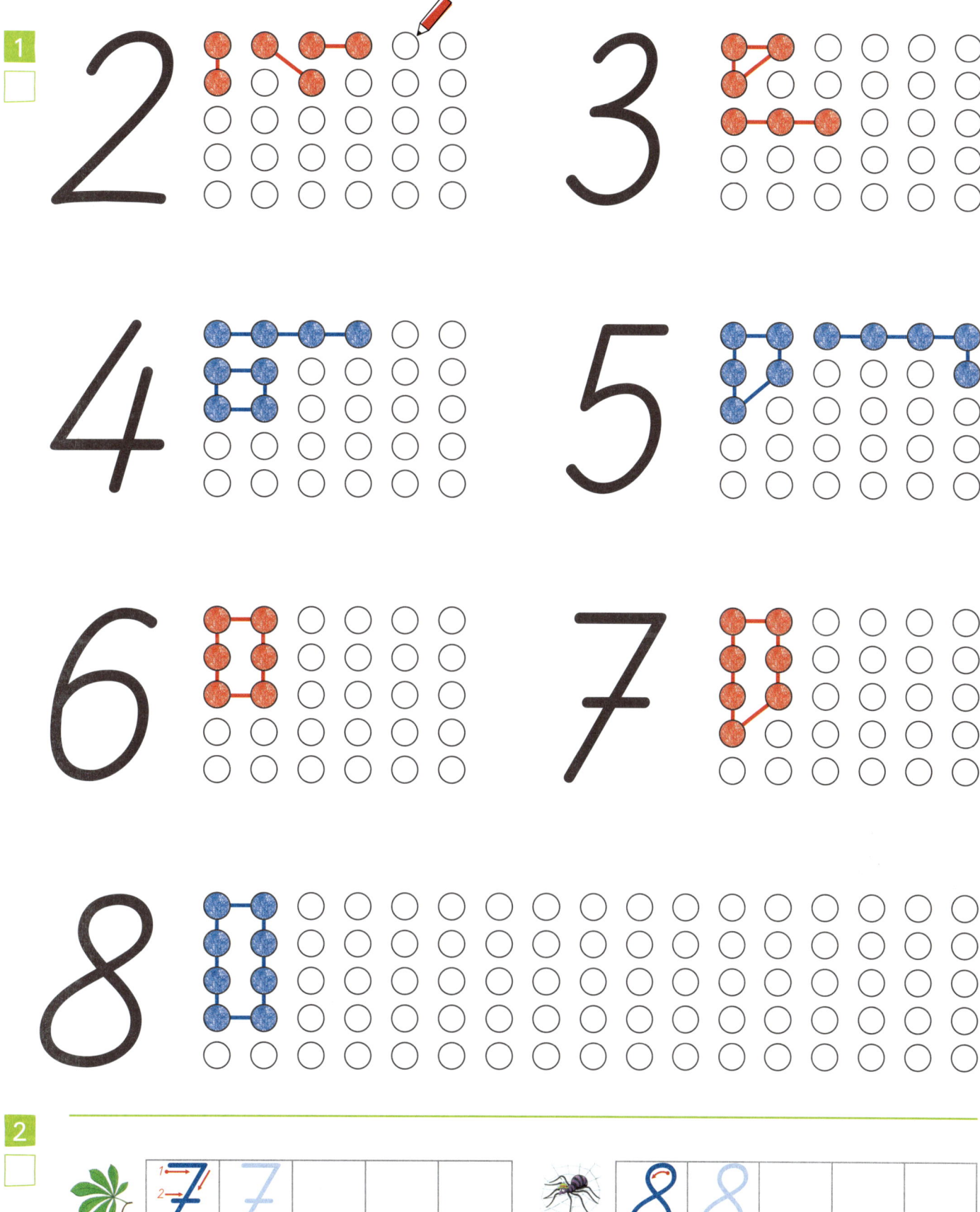

1 Punkte verbinden und ausmalen. Es sollen möglichst wenige Punkte übrig bleiben.
2 Ziffernschreibkurs 7 und 8.

Anzahlen geschickt erfassen

1 Wie viele?

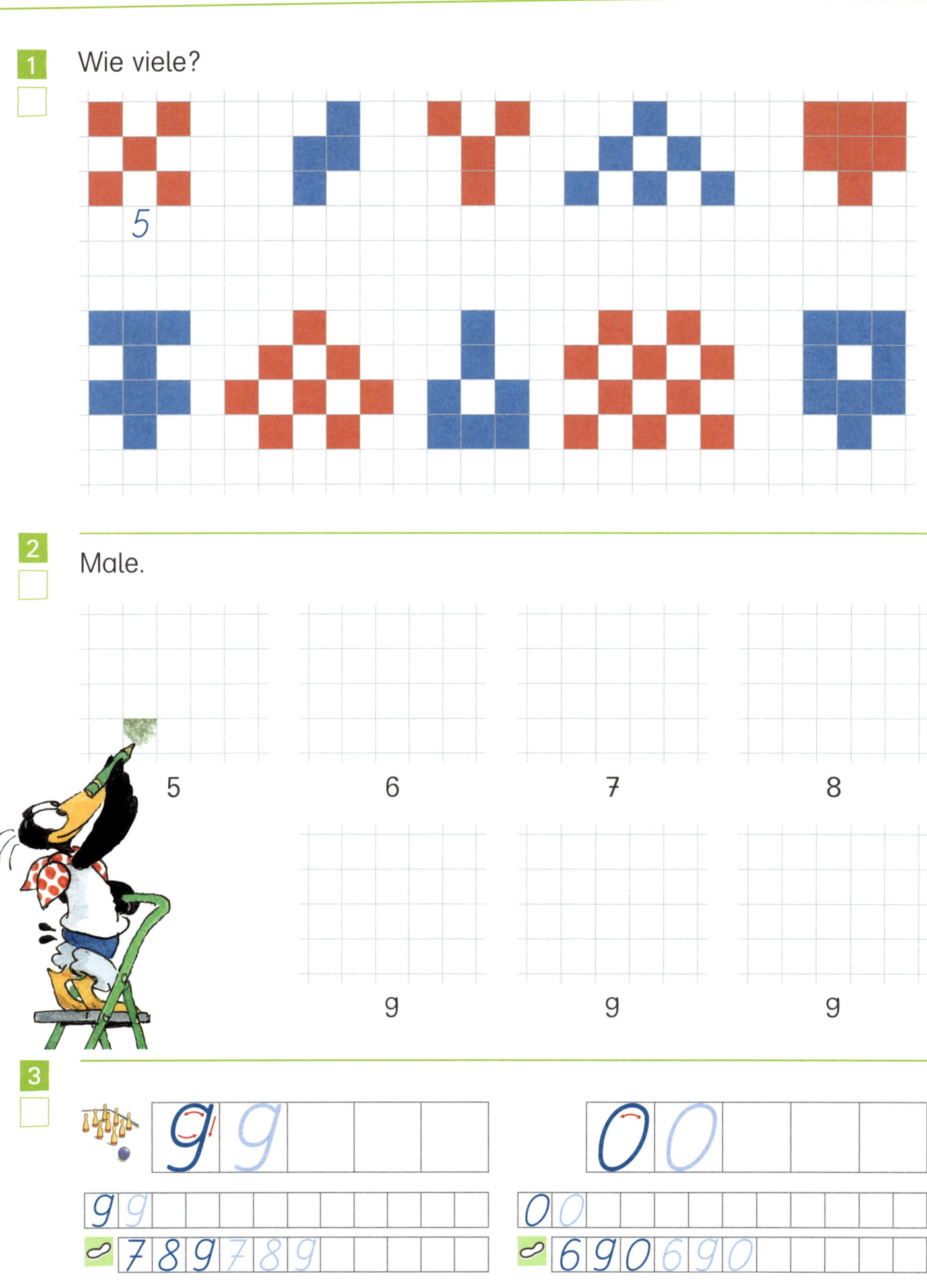

5

2 Male.

5   6   7   8

9   9   9

3

9 9   0 0

9 9   0 0

7 8 9 7 8 9   6 9 0 6 9 0

3 Ziffernschreibkurs 9 und 0.

1 Lege, beschreibe, setze fort und male aus.

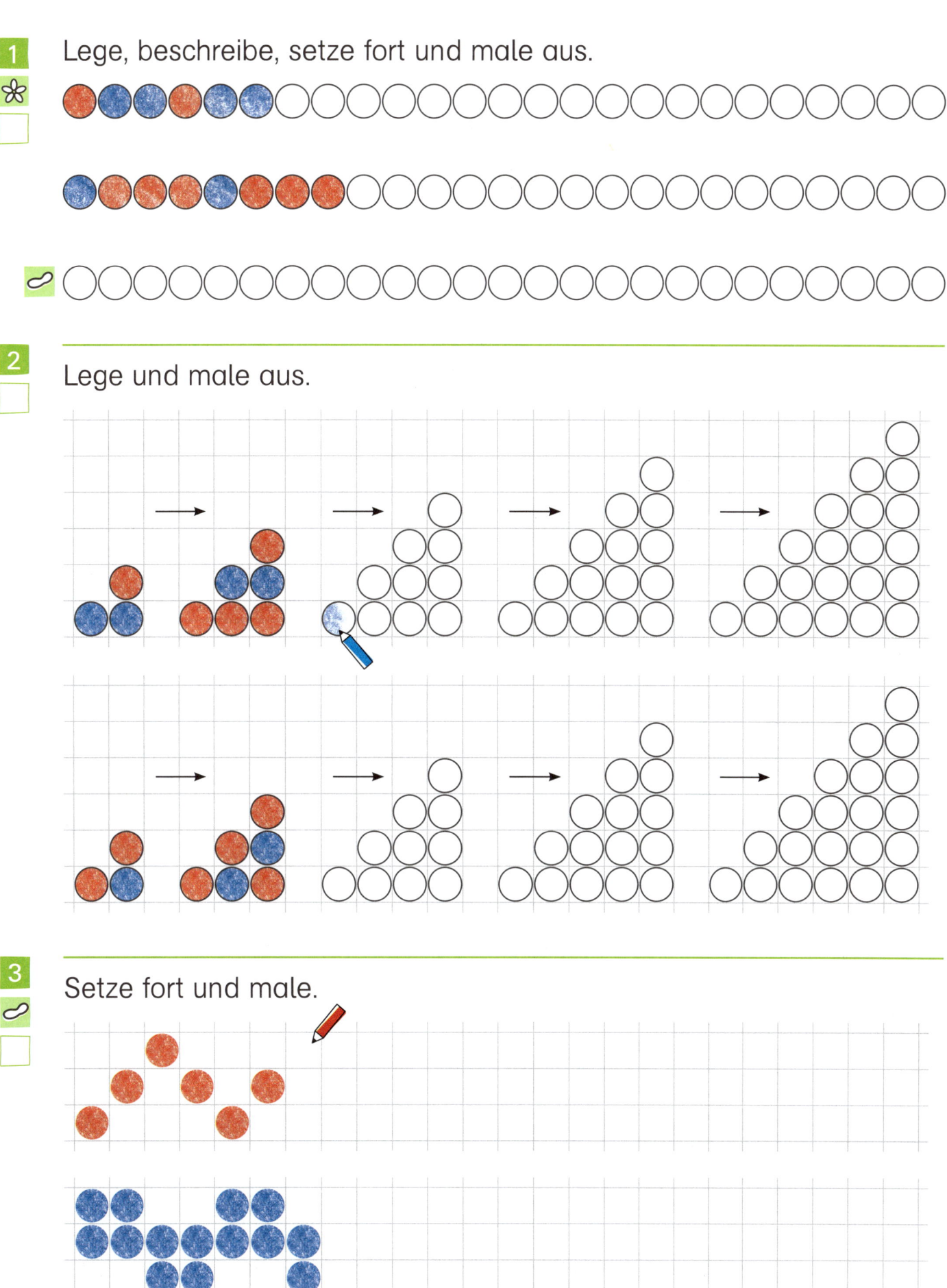

2 Lege und male aus.

3 Setze fort und male.

Figuren bauen und zeichnen

1 Wie viele?

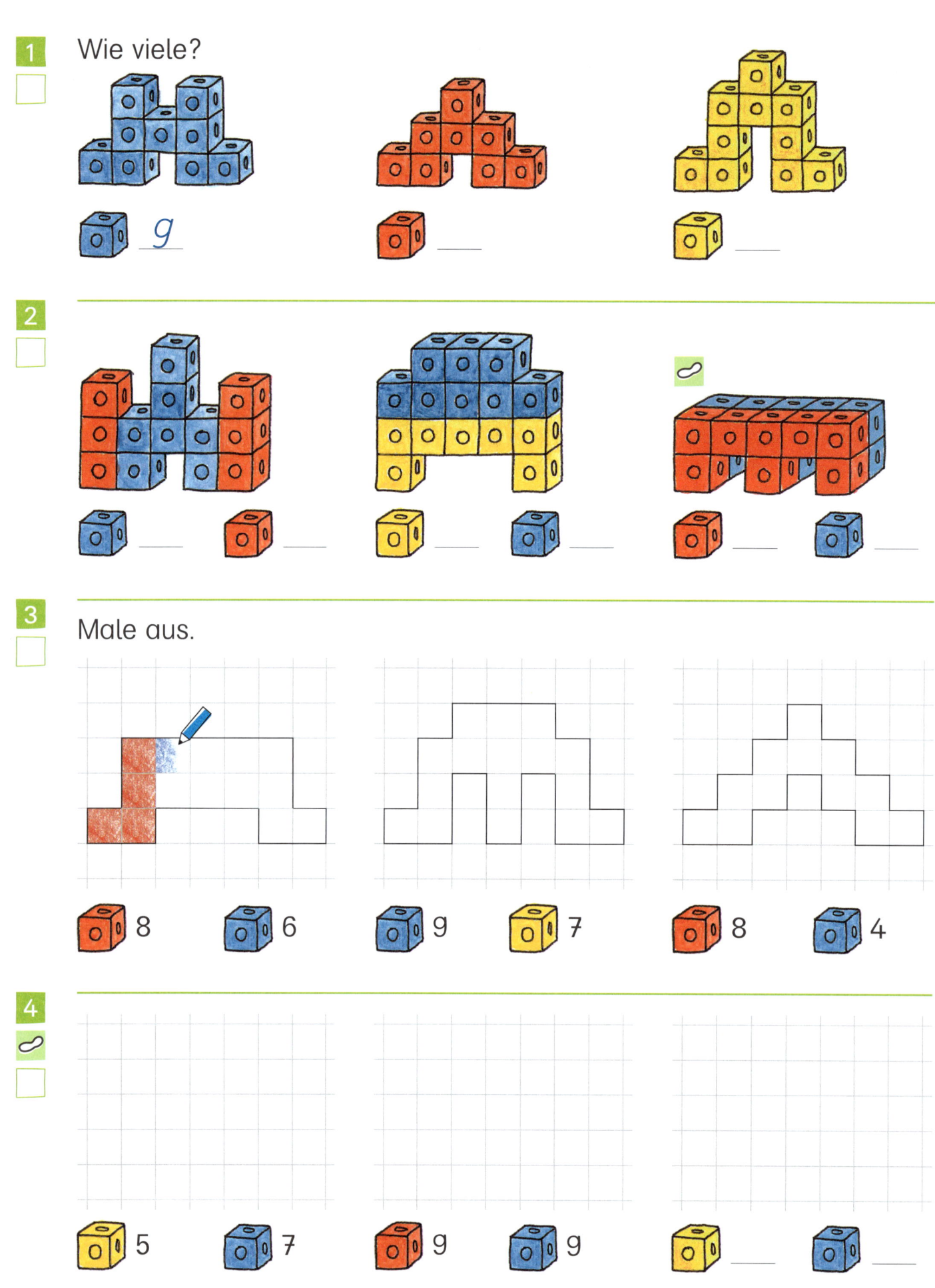

_g_ ___   ___   ___

2

3 Male aus.

8   6   9   7   8   4

4

5   7   9   9   ___   ___

4 Figuren entsprechend der angegebenen Anzahlen entwerfen und ausmalen.

1

0	1	__	__	__	__	__	__	__

__	__	2

__	__	6

__	__	10

2

Vorgänger	Zahl	Nachfolger
3	4	5
	5	
	6	
	7	
	8	
	9	

V		N
3		
	5	
0		
		6
	8	
5		

V		N
10		
	10	
		10
	12	
		15
14		

3

1.	2.										

 : 1., 4., 8., 11.   : 2., 6., 10.   : 3., 5., 7., 9.

4

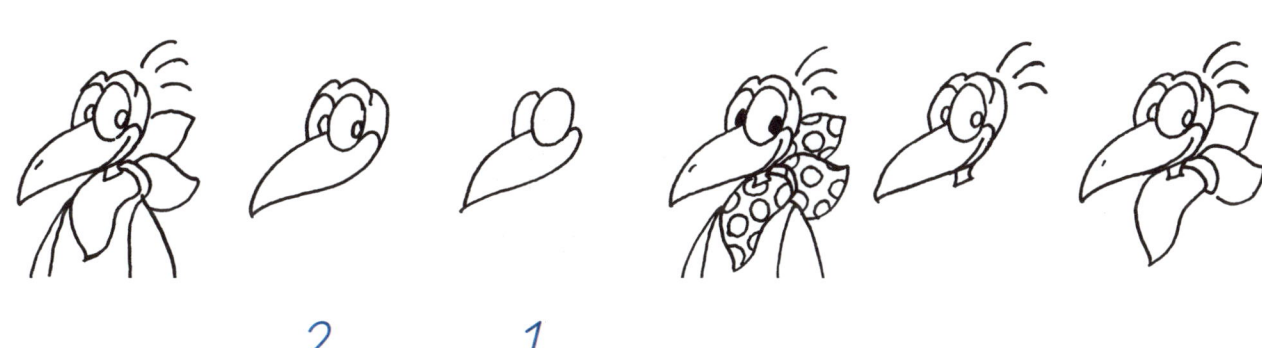

__	2.	1.	__	__	__

1 Zahlen eintragen. Ausschnitte der Zahlenreihe erkennen.   **3** Ordnungszahlen eintragen und Laternen in der richtigen Farbe ausmalen.   **4** Reihenfolge der Bilder erkennen. Trax ausmalen.

1

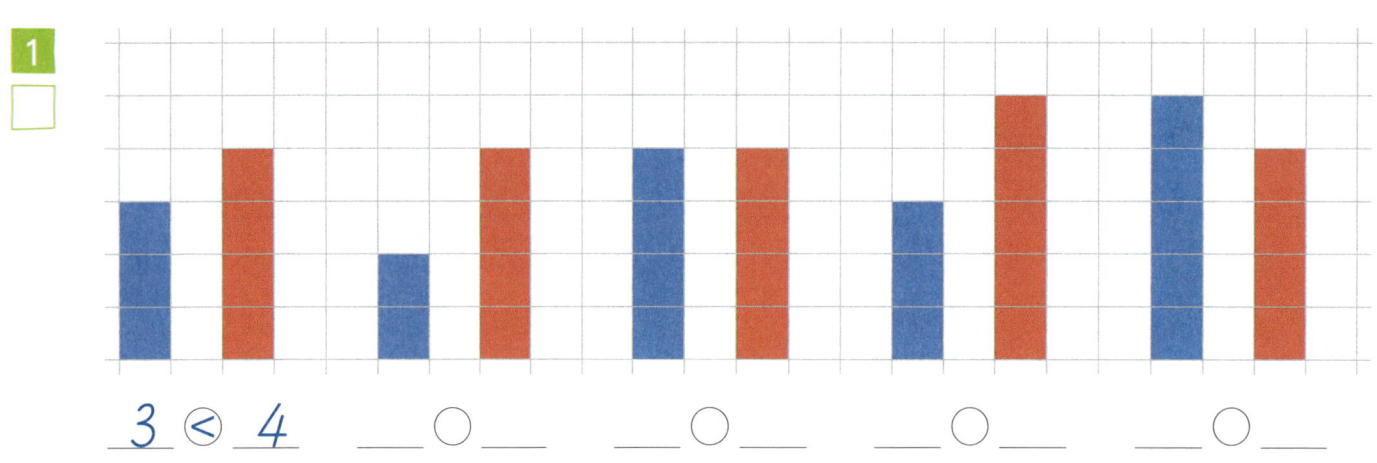

3 < 4   ___ ○ ___   ___ ○ ___   ___ ○ ___   ___ ○ ___

2

6 > 5   4 ○ 9   3 ○ 3   7 ○ 8   ___ ○ ___

3

1 ○ 3	6 ○ 4
2 ○ 3	4 ○ 6
3 ○ 3	8 ○ 0
4 ○ 3	0 ○ 8
5 ○ 3	7 ○ 7
7 ○ 5	2 ○ 3
9 ○ 9	1 ○ 10
1 ○ 6	0 ○ 0
4 ○ 10	8 ○ 7
10 ○ 8	9 ○ 6

4

7 < ___	5 < ___
7 < ___	5 < ___
7 = ___	5 = ___
7 > ___	5 > ___
7 > ___	5 > ___
2 < ___	___ < ___
2 < ___	___ < ___
2 = ___	___ = ___
2 > ___	___ > ___
2 > ___	___ > ___

14

1

7

_4_ + ___

___ + ___

___ + ___

___ + ___

___ + ___

___ + ___

2

10

_5_ + ___

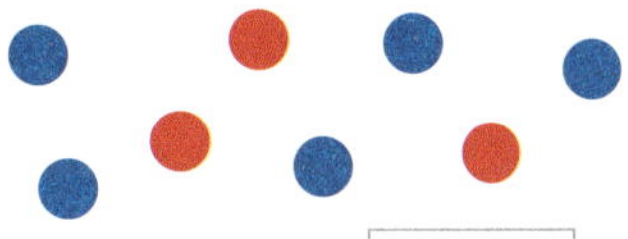

8

___ + ___

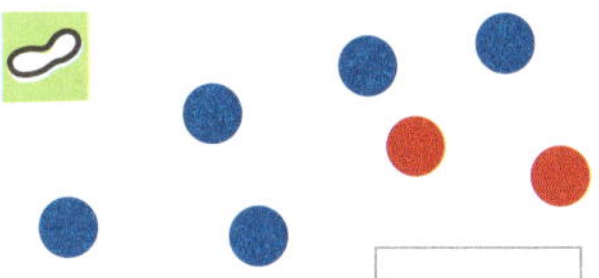

___ + ___

3

Male.

5

_1_ + ___

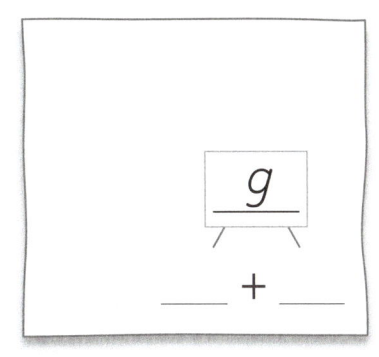

9

___ + ___

___ + 5

2 Zahlzerlegungen notieren.   **3** Zahlzerlegungen malen und notieren.

1

| 6 | | | |

_3_ + ___   ___ + ___   ___ + ___

| 8 | | | |

___ + ___   ___ + ___   ___ + ___

| 10 | | | |

5 + ___   ___ + ___

2

| 7 | 7 | 7 |

_4_ + ___   ___ + ___   ___ + ___

| g | g | g |

___ + ___   ___ + ___   ___ + ___

3

_4_ + ___   ___ + ___   ___ + ___

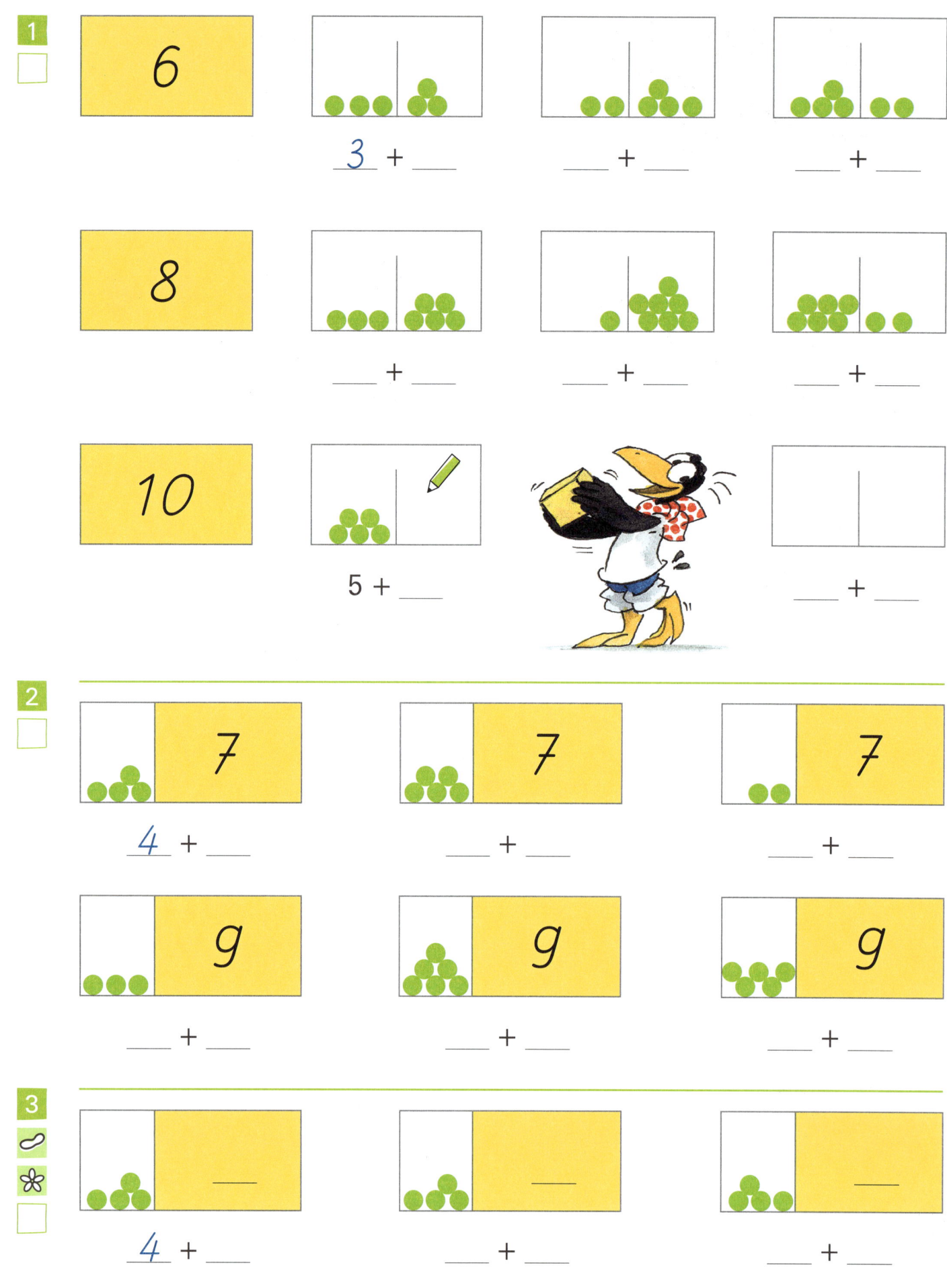

24 25

2 Zerlegungen vervollständigen.

1

6

6 + 0
5 + ___
4 + ___
___ + ___
___ + ___
___ + ___
___ + ___

7

7 + 0
6 + ___
5 + ___
___ + ___
___ + ___
___ + ___
___ + ___

2

2

0 + 2
1 + ___
___ + ___

4

4 + 0
3 + ___
2 + ___
1 + ___
___ + ___

Finde jeweils alle Zerlegungen.

8

8 + ___
7 + ___
___ + 2
___ + 3
4 + ___
3 + ___
___ + 6
___ + 7
0 + ___

5

5 + ___
4 + ___
___ + 2
___ + 3
1 + ___
0 + ___

9

9 + ___
8 + ___
___ + ___
___ + ___
___ + ___
___ + ___
___ + ___
___ + ___
___ + ___
___ + ___

10

10 + ___
9 + ___
___ + ___
___ + ___
___ + ___
___ + ___
___ + ___
___ + ___
___ + ___
___ + ___
___ + ___

1 Wie viele?

 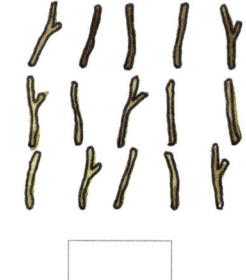 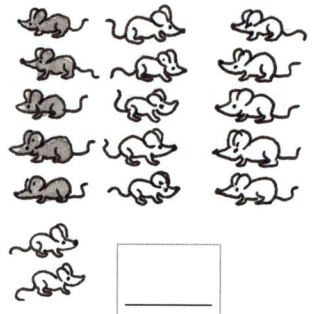

_____ _____ _____

Male.

| 12 |

| 19 |

| 16 |

2 Ordne zu.

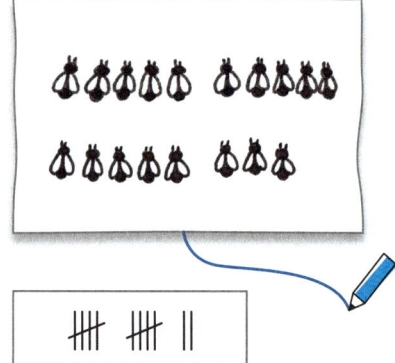  

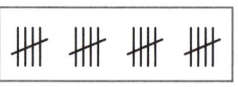 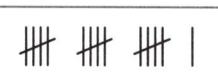 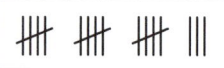

 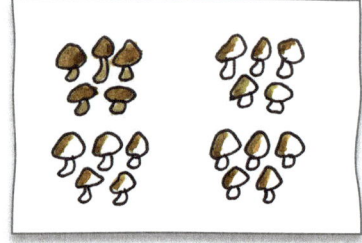 

30 31   **1 , 2** Zahlen bis 20 erfassen, zählen und zuordnen.

1

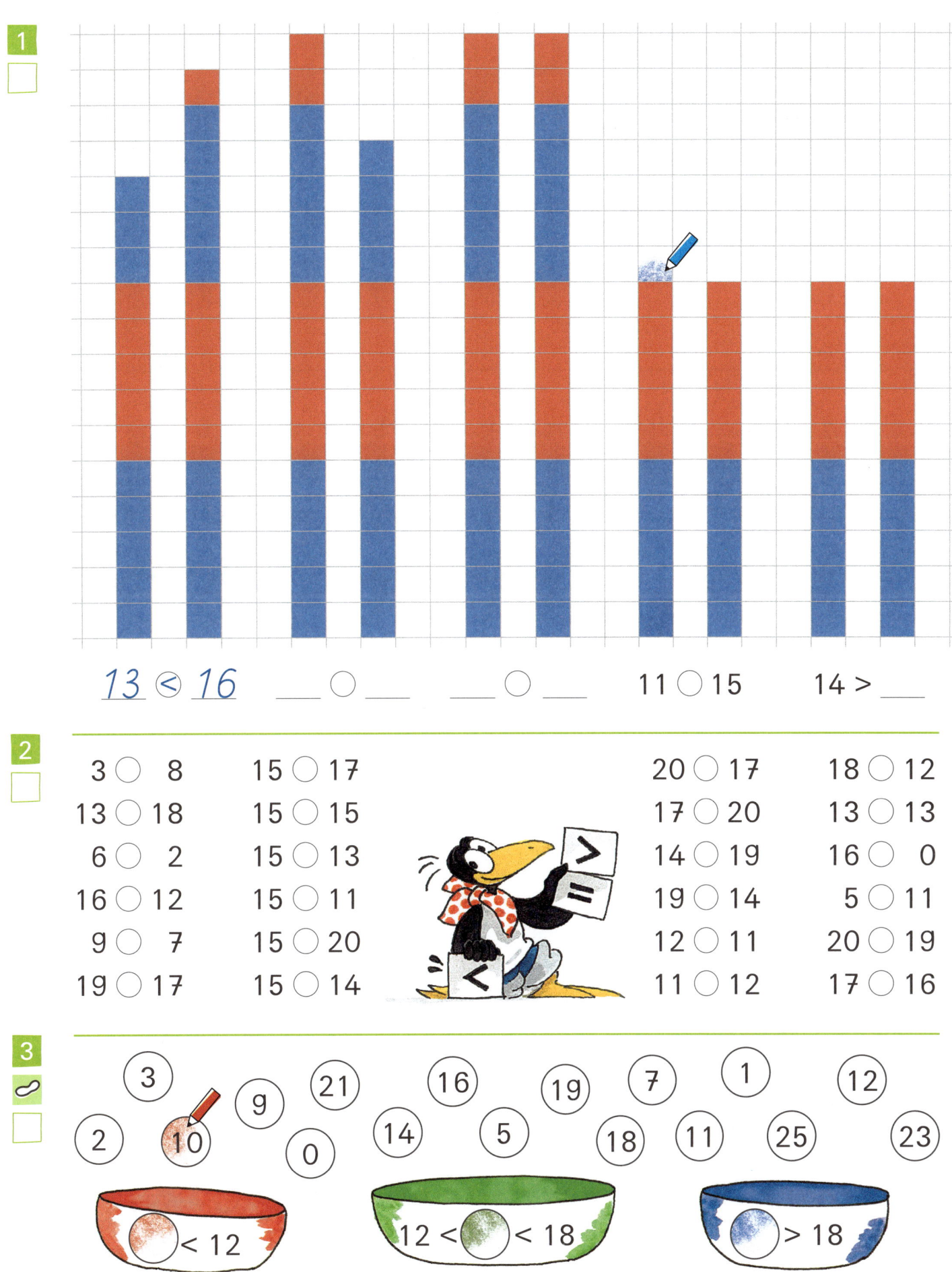

_13_ < _16_   ___ ◯ ___   ___ ◯ ___   11 ◯ 15   14 > ___

2

3 ◯ 8   15 ◯ 17   20 ◯ 17   18 ◯ 12
13 ◯ 18   15 ◯ 15   17 ◯ 20   13 ◯ 13
6 ◯ 2   15 ◯ 13   14 ◯ 19   16 ◯ 0
16 ◯ 12   15 ◯ 11   19 ◯ 14   5 ◯ 11
9 ◯ 7   15 ◯ 20   12 ◯ 11   20 ◯ 19
19 ◯ 17   15 ◯ 14   11 ◯ 12   17 ◯ 16

3

3 9 21 16 19 7 1 12
2 10 0 14 5 18 11 25 23

◯ < 12   12 < ◯ < 18   ◯ > 18

1, **2** Zahlen vergleichen. Relationszeichen >, < oder = einsetzen.
3 Zahlen den Schüsseln zuordnen und entsprechend farbig anmalen. 2 Zahlen bleiben übrig.

Zahlenreihe

1

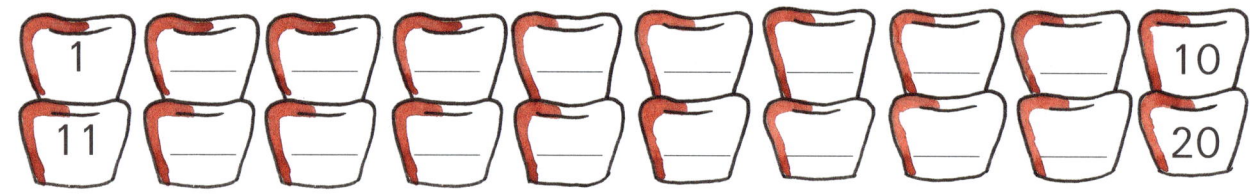

Row 1 (chairs): 1 | | | | | | | | | 10
Row 2 (chairs): 11 | | | | | | | | | 20

2

 2 | | | 5

 4 | | | 7

 6 | | | 9

 11 | | | 14

 17 | | | 20

 21 | | |

❋

3

V		N
13	14	*15*
	17	
	15	
	12	
	19	

V		N
9		
	16	
		19
	11	
12		

❋

V		N

4

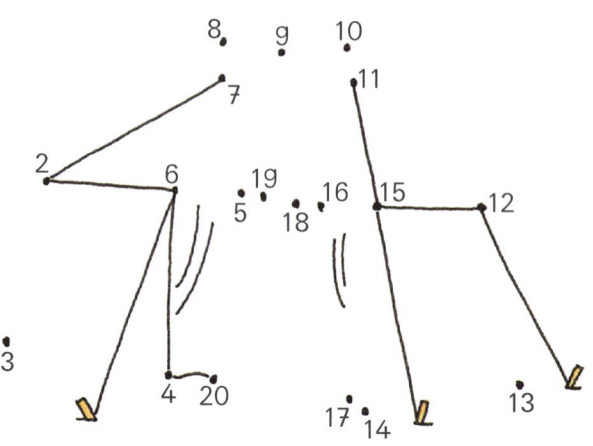

33

1 – 4 Die Zahlenreihe vielfältig üben.

1

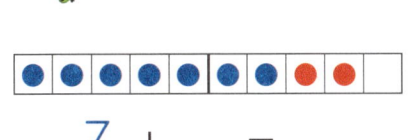

7 +   =

_____ +   = _____

_____ +   = _____

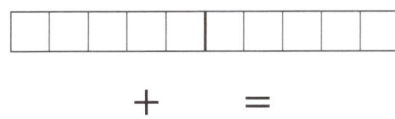

_____ +   = _____

_____ +   = _____

_____ +   = _____

2

4 + 2 = ____

3 + 6 = ____

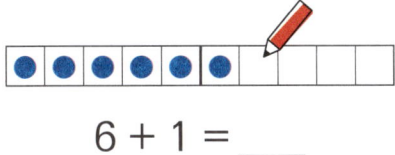

6 + 1 = ____

4 + 5 = ____

2 + 3 = ____

1 + 4 = ____

1 + 3 = ____

5 + 2 = ____

4 + 4 = ____

2 + 8 = ____

1 Plusaufgabe zur Sachsituation finden und notieren. **Differenzierung:** Mit Plättchen nachlegen.

34 35   **21**

Plusaufgaben üben

1

| 2 + 3 | 7 + 2 | 5 + 0 | 4 + 5 | 5 + 1 |

| 7 + 0 | 4 + 2 | 5 + 2 | 8 + 1 | 1 + 8 |

| 3 + 2 | 6 + 1 | 5 + 4 | 3 + 3 | 6 + 0 |

| 4 + 3 | 6 + 3 |

 9  5 6 7

2

$0 + 1 = \underline{1}$

$1 + 1 = \underline{}$

$2 + 1 = \underline{}$

$3 + 1 = \underline{}$

$\underline{} + \underline{} = \underline{}$

$0 + 2 = \underline{}$

$2 + 2 = \underline{}$

$4 + 2 = \underline{}$

$\underline{} + \underline{} = \underline{}$

$\underline{} + \underline{} = \underline{}$

$5 + 3 = \underline{}$

$7 + 1 = \underline{}$

$5 + 4 = \underline{}$

$0 + 4 = \underline{}$

$1 + 4 = \underline{}$

$2 + 4 = \underline{}$

$\underline{} + \underline{} = \underline{}$

$\underline{} + \underline{} = \underline{}$

$2 + 3 = \underline{}$

$6 + 4 = \underline{}$

$3 + 0 = \underline{}$

$0 + 5 = \underline{}$

$1 + 5 = \underline{}$

$2 + 5 = \underline{}$

$\underline{} + \underline{} = \underline{}$

$\underline{} + \underline{} = \underline{}$

$1 + 2 = \underline{}$

$0 + 6 = \underline{}$

$1 + 6 = \underline{}$

$\underline{} + \underline{} = \underline{}$

$\underline{} + \underline{} = \underline{}$

$\underline{} + \underline{} = \underline{}$

$0 + 8 = \underline{}$

$1 + 3 = \underline{}$

$0 + 7 = \underline{}$

$1 + 7 = \underline{}$

$\underline{} + \underline{} = \underline{}$

$\underline{} + \underline{} = \underline{}$

 $\underline{} + \underline{} = \underline{}$

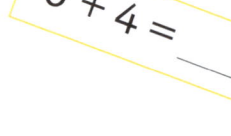

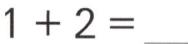

1 Plusaufgabe lösen und mit Ergebnisfarbe ausmalen. **2** Aufgabenstruktur erkennen und fortsetzen.
Differenzierung: Mit Plättchen auf Zehnerstreifen legen.

1

4 + 2 = ___   ___ + ___ = ___   ___ + ___ = ___

2 + 4 = ___   ___ + ___ = ___   ___ + ___ = ___

  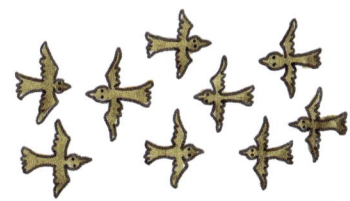

___ + ___ = ___   ___ + ___ = ___   ___ + ___ = ___

___ + ___ = ___   ___ + ___ = ___   ___ + ___ = ___

2

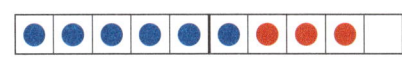

6 + 3 = ___   1 + 5 = ___   3 + 3 = ___

___ + ___ = ___   ___ + ___ = ___   ___ + ___ = ___

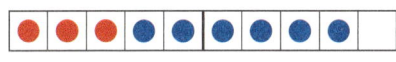

3

7 + 2 = ___   4 + 3 = ___   6 + 2 = ___

___ + ___ = ___   ___ + ___ = ___   ___ + ___ = ___

3 + 2 = ___   8 + 1 = ___   4 + 6 = ___

___ + ___ = ___   ___ + ___ = ___   ___ + ___ = ___

3 + 7 = ___   6 + 3 = ___   1 + 7 = ___

___ + ___ = ___   ___ + ___ = ___   ___ + ___ = ___

1 Tauschaufgaben finden.

1

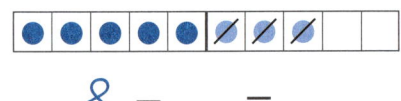

$8 - \underline{\quad} = \underline{\quad}$

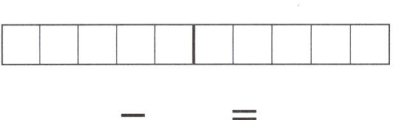

$\underline{\quad} - \underline{\quad} = \underline{\quad}$

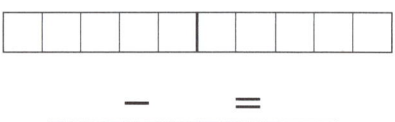

$\underline{\quad} - \underline{\quad} = \underline{\quad}$

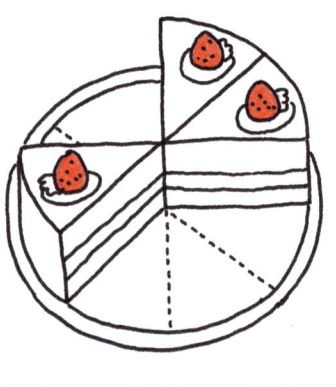

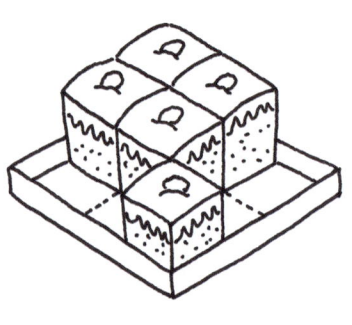

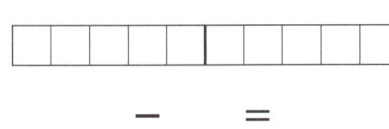

$\underline{\quad} - \underline{\quad} = \underline{\quad}$

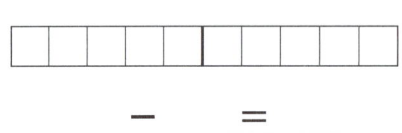

$\underline{\quad} - \underline{\quad} = \underline{\quad}$

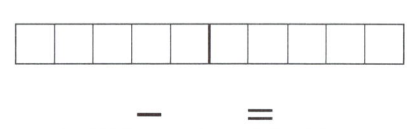

$\underline{\quad} - \underline{\quad} = \underline{\quad}$

2

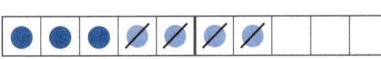

$7 - 4 = \underline{\quad}$

$9 - 2 = \underline{\quad}$

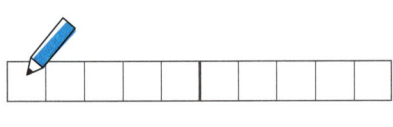

$9 - 7 = \underline{\quad}$

$5 - 1 = \underline{\quad}$

$7 - 1 = \underline{\quad}$

$6 - 6 = \underline{\quad}$

$7 - 3 = \underline{\quad}$

$8 - 5 = \underline{\quad}$

$6 - 4 = \underline{\quad}$

$5 - 2 = \underline{\quad}$

1 Minusaufgabe zur Sachsituation finden und notieren.   **Differenzierung:** Mit Plättchen nachlegen.

1  8 − 5   7 − 6   9 − 7   5 − 4   8 − 6

7 − 1   3 − 0   2 − 0   7 − 4   10 − 8

9 − 8   4 − 3   8 − 7   5 − 2   10 − 9

10 − 7   6 − 3

6 − 4   9 − 3

6 − 5   4 − 1   3 − 1   6 − 0

1 − 0   10 − 4

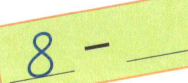 8 − ___   ___ − ___   ___ − ___   ___ − ___   ___ − ___

2

2 − 1 = 0̸   *1*
8 − 4 = 4   ✔
9 − 6 = 2   ___
5 − 3 = 2   ___
7 − 2 = 6   ___

 Richtig oder falsch?

10 − 3 = 8   ___
6 − 2 = 4   ___
8 − 3 = 5   ___
7 − 1 = 4   ___
9 − 2 = 4   ___

8 − 2 = 6   ___
9 − 4 = 4   ___
7 − 5 = 2   ___
6 − 6 = 1   ___
4 − 2 = 1   ___

4 − 3 = 1   ___
8 − 1 = 6   ___
9 − 7 = 3   ___
6 − 1 = 4   ___
7 − 1 = 6   ___

6 − 5 = 2   ___
7 − 4 = 3   ___
9 − 8 = 1   ___
8 − 5 = 4   ___
10 − 10 = 1   ___

1 Minusaufgabe lösen und mit Ergebnisfarbe ausmalen. Für die grünen Kärtchen Aufgaben mit dem Ergebnis 6 finden.

Umkehraufgaben

$4 + 2 =$ ___

$6 -$ ___ $=$ ___

___ $- 2 = 4$

___ $+$ ___ $=$ ___

2

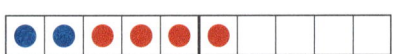

$2 + 4 =$ ___

$1 + 8 =$ ___

$5 + 3 =$ ___

$6 - 4 =$ ___

___ $-$ ___ $=$ ___

___ $-$ ___ $=$ ___

3

$7 - 4 =$ ___

$10 - 6 =$ ___

$5 - 1 =$ ___

$3 +$ ___ $=$ ___

___ $+$ ___ $=$ ___

___ $+$ ___ $=$ ___

4

$4 + 3 =$ ___

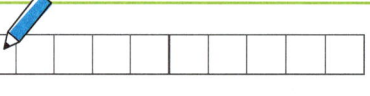 ___ $+$ ___ $=$ ___

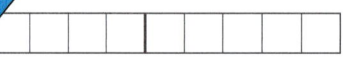 $11 + 4 =$ ___

___ $-$ ___ $=$ ___

$8 - 2 =$ ___

___ $-$ ___ $=$ ___

$10 - 8 =$ ___

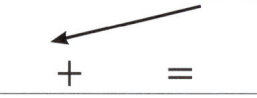 ___ $-$ ___ $=$ ___

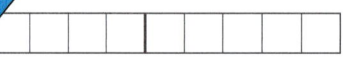 $18 - 4 =$ ___

___ $+$ ___ $=$ ___

$6 + 3 =$ ___

___ $+$ ___ $=$ ___

1 Hüpf im Päckchen.

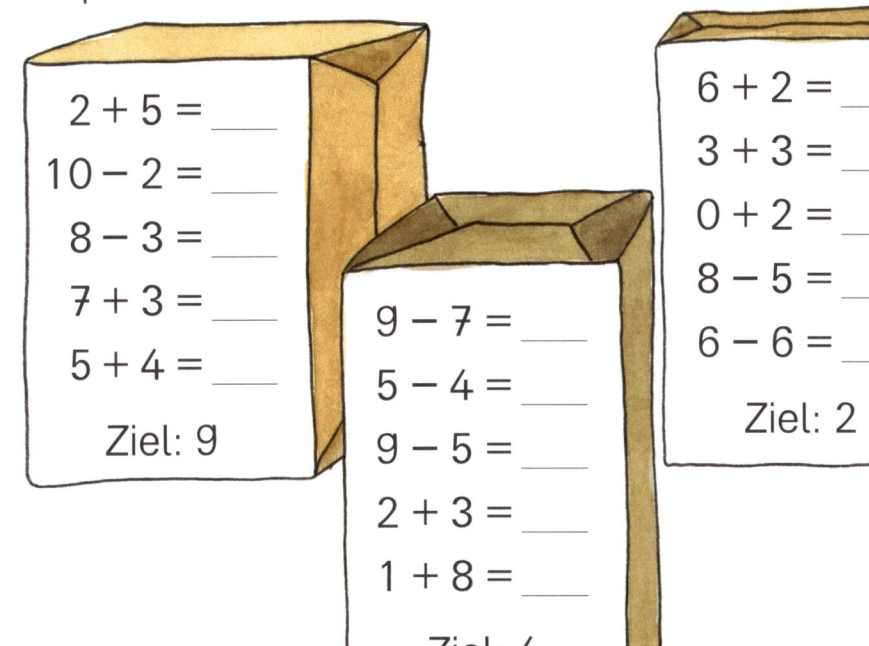

2 + 5 = ___
10 − 2 = ___
8 − 3 = ___
7 + 3 = ___
5 + 4 = ___
Ziel: 9

9 − 7 = ___
5 − 4 = ___
9 − 5 = ___
2 + 3 = ___
1 + 8 = ___
Ziel: 4

VORSICHT GLA

6 + 2 = ___
3 + 3 = ___
0 + 2 = ___
8 − 5 = ___
6 − 6 = ___
Ziel: 2

10 − 5 = ___
9 − ___ = 6
6 − ___ = 2
5 + ___ = 9
2 + 6 = ___
Ziel: 8

2 + oder −?

5 ⊕ 3 = 8	4 ◯ 2 = 6	5 ◯ ___ = 8	12 ◯ 7 = 19
6 ◯ 5 = 1	1 ◯ 8 = 9	7 ◯ ___ = 3	13 ◯ 5 = 18
9 ◯ 7 = 2	2 ◯ 1 = 1	2 ◯ ___ = 2	29 ◯ 6 = 23
8 ◯ 2 = 10	7 ◯ 6 = 1	9 ◯ ___ = 1	20 ◯ 9 = 11
4 ◯ 3 = 1	5 ◯ 5 = 0	8 ◯ ___ = 6	15 ◯ 4 = 19
4 ◯ 5 = 9	4 ◯ 4 = 8	6 ◯ ___ = 6	23 ◯ 6 = 29

3

3 + 4
10 − 3
7 − 4
1 + 6
5 − 0
2 + 3
9 − 6
1 + 4
2 + 1
5 + 2
9 − 2
8 − 3
10 − 7
9 − 6
3 + 2

3 rot
7 grün
5 blau

1 Das Ergebnis einer Aufgabe ist die erste Zahl der nächsten Aufgabe. Das Ergebnis der letzten Aufgabe ist als Ziel angegeben. **3** Aufgabenfelder in den Farben der Ergebnisse ausmalen.

Aufgaben finden

1

$$6 + 3 = \underline{\hspace{2cm}}$$
$$9 - \underline{\hspace{1cm}} = \underline{\hspace{2cm}}$$

2

$$\underline{\hspace{1cm}} + \underline{\hspace{1cm}} = \underline{\hspace{1cm}}$$
$$\underline{\hspace{1cm}} - \underline{\hspace{1cm}} = \underline{\hspace{1cm}}$$

3

$$\underline{\hspace{1cm}} + \underline{\hspace{1cm}} = \underline{\hspace{1cm}}$$
$$\underline{\hspace{1cm}} - \underline{\hspace{1cm}} = \underline{\hspace{1cm}}$$

4

$$\underline{\hspace{1cm}} + \underline{\hspace{1cm}} = \underline{\hspace{1cm}}$$
$$\underline{\hspace{1cm}} - \underline{\hspace{1cm}} = \underline{\hspace{1cm}}$$

5

$$\underline{\hspace{1cm}} + \underline{\hspace{1cm}} = \underline{\hspace{1cm}}$$
$$\underline{\hspace{1cm}} - \underline{\hspace{1cm}} = \underline{\hspace{1cm}}$$

6

$$\underline{\hspace{1cm}} + \underline{\hspace{1cm}} = \underline{\hspace{1cm}}$$
$$\underline{\hspace{1cm}} - \underline{\hspace{1cm}} = \underline{\hspace{1cm}}$$

1 – 6 Zu Sachsituationen Plus- und Minusaufgaben finden.

1

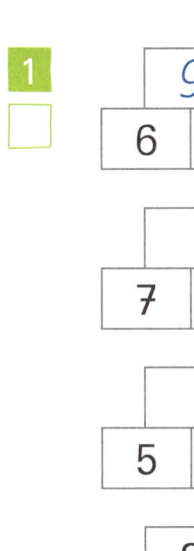

9
| 6 | 3 |

| 4 | 2 |

| 1 | 4 |

| 4 | 3 |

| 7 | 2 |

| 3 | 2 |

| 0 | 5 |

| 9 | 1 |

| 5 | 4 |

| 6 | 2 |

| 3 | 7 |

| 3 | 5 |

| 8 | |
| | 2 |

| 3 | |
| | 1 |

 9 (oben)

 6 (oben)

2

Ich habe 7 Mauersteine.

Welche Mauern baust du daraus?

Lena

Steine: 7, 2, 6, 9, 3, 4, 10

Finde alle Lösungen.

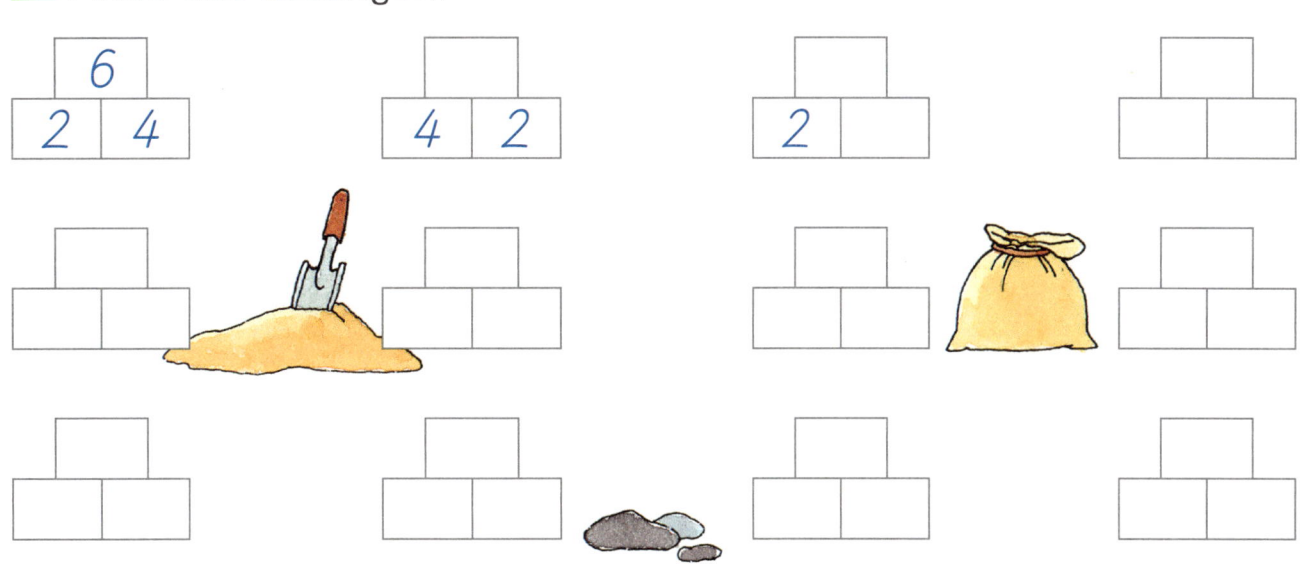

6
| 2 | 4 |

| 4 | 2 |

| 2 | |

2 So viele Aufgaben wie möglich finden und notieren. **Differenzierung:** Alle Lösungen finden.

48   29

Formen erkennen und beschreiben

1

Dreieck _____ △ _2_

2

△ _2_

3

1 , 2 Formen in den Bildern wiederfinden, benennen, beschreiben und in der vorgegebenen Farbe anmalen.
3 Verschiedene Möglichkeiten finden: Die Figuren immer mit den gleichen Farben (rot, blau, gelb) ausmalen.
Es gibt 6 verschiedene Möglichkeiten mit allen 3 Farben.

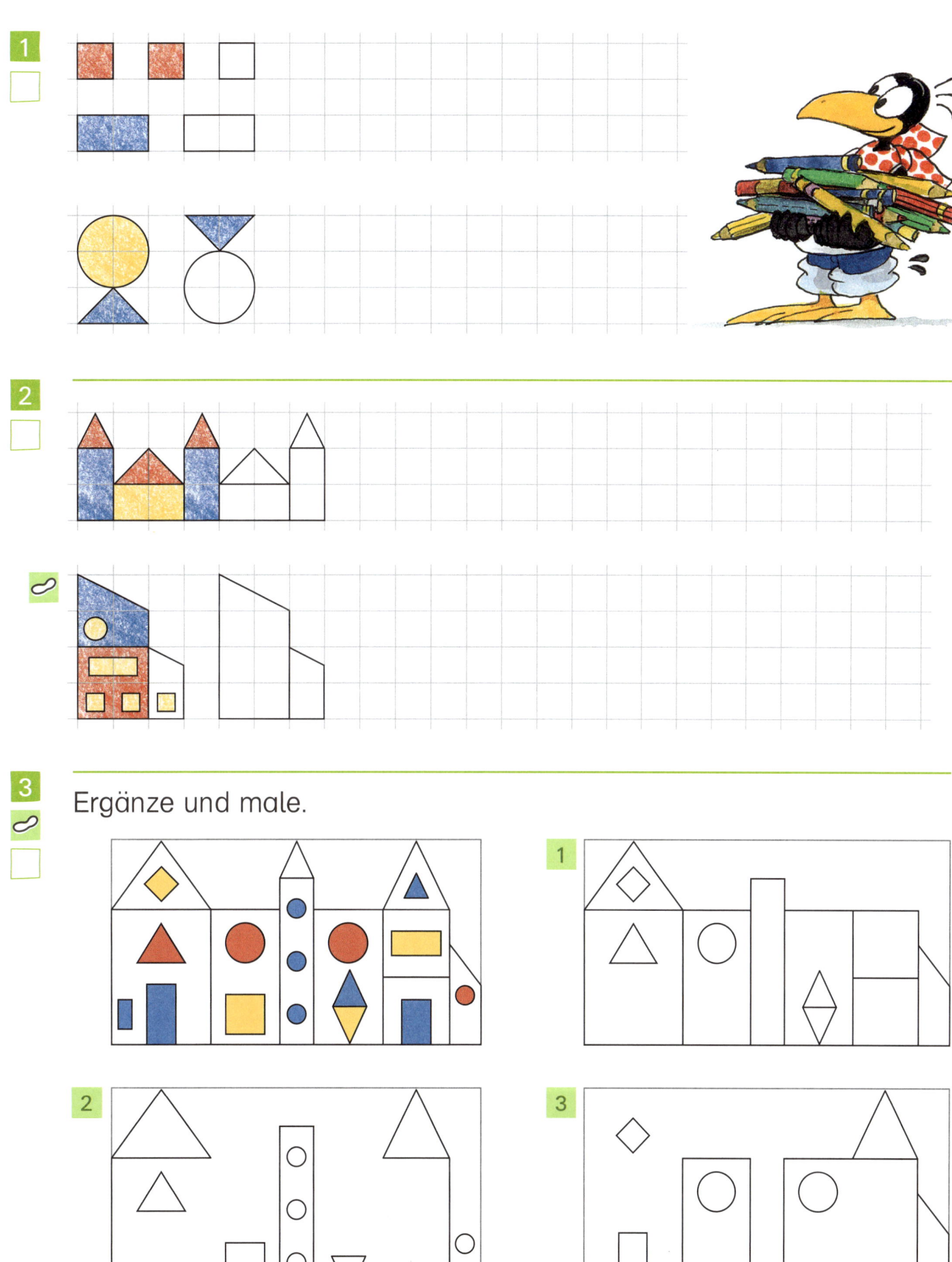

1

2

3 Ergänze und male.

1

2

3

3 Fehlende Formen und Farben in den Bildern 1, 2 und 3 ergänzen.

Formen in Figuren entdecken

1 Färbe nacheinander:

 1 Quadrat aus 2 Dreiecken

 1 Quadrat aus 3 Dreiecken

 1 Quadrat aus 2 Dreiecken

 1 Dreieck aus 2 Dreiecken

 1 einzelnes Dreieck

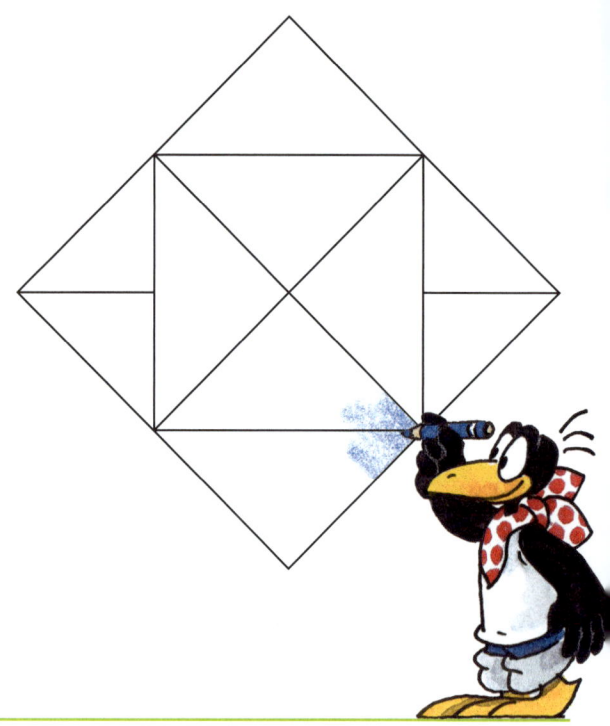

2 Färbe nacheinander:

 1 Rechteck aus 3 Dreiecken

 1 Quadrat aus 4 Dreiecken

 1 Rechteck aus 3 Dreiecken

 1 Dreieck aus 6 Formen

 5 einzelne Dreiecke

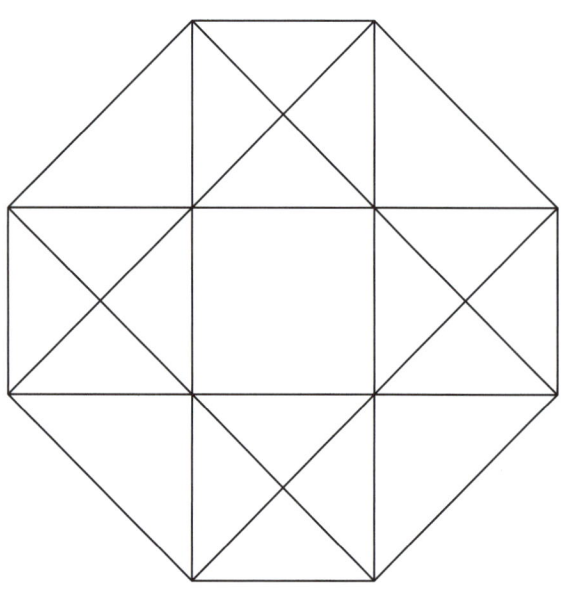

3 Wie viele Dreiecke kann man jeweils sehen? Kreuze an.

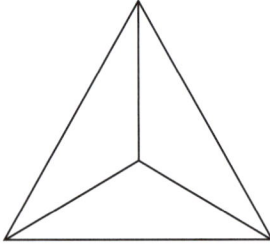

☐ 3 ☐ 4 ☐ 5

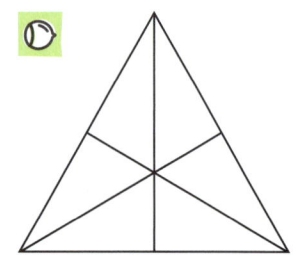

☐ 4 ☐ 6 ☐ 8

☐ 6 ☐ 13 ☐ 16

1, 2 Figuren mit Hilfe der Anweisungen anmalen. Es entstehen Lösungsbilder.
3 Jeweils die Anzahl aller Dreiecke ermitteln.

1 Immer 8 Cent.

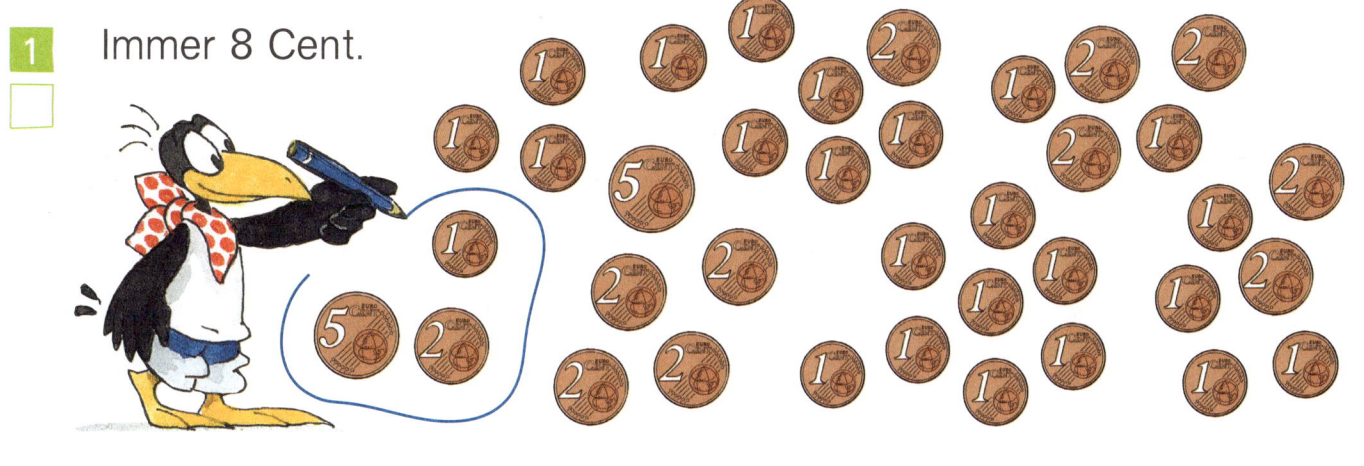

2 Wie viel?

Max: ___ Cent   Uta: ___ Cent   Hans: ___ Cent

3 Vergleiche. Setze <, > oder = ein.

_7_ Cent > ___ Cent   ___ Cent ◯ ___ Cent

___ Cent ◯ ___ Cent   ___ Cent ◯ ___ Cent

1 Münzen im Wert von 8 Cent einkreisen. **2** Centbeträge bestimmen. **3** Centbeträge vergleichen.

Mit Geld rechnen

1

_5_ € + _4_ € = ___ €   _3_ € + ___ € = ___ €   ___ € + ___ € = ___ €

___ € + ___ € = ___ €   ___ € + ___ € = ___ €   ___ € + ___ € = ___ €

2

  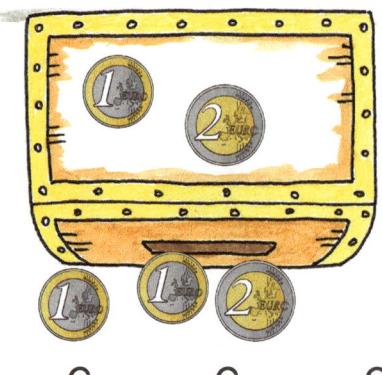

_5_ € − _3_ € = ___ €   _9_ € − ___ € = ___ €   ___ € − ___ € = ___ €

___ € − ___ € = ___ €   ___ € − ___ € = ___ €   ___ € − ___ € = ___ €

1 Plusaufgaben bilden und lösen.   **2** Minusaufgaben bilden und lösen.

1

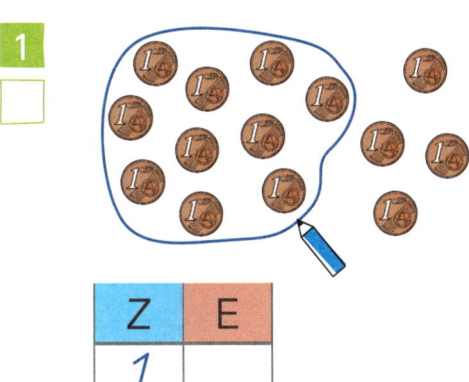

Z	E
1	

Z	E

Z	E

2

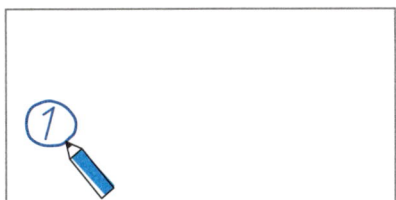

Z	E
1	1

Z	E
1	7

Z	E
1	9

3

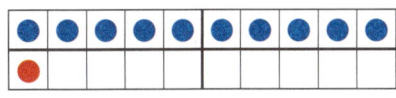
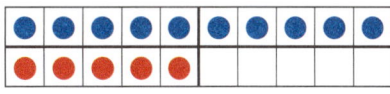
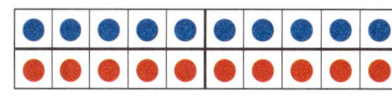

11 = 10 + ___   15 = ___ + ___   ___ = ___ + ___

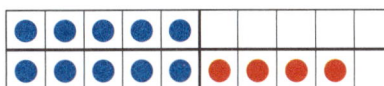
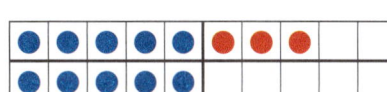
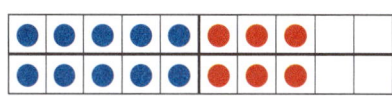

14 = ___ + ___   ___ = ___ + ___   ___ = ___ + ___

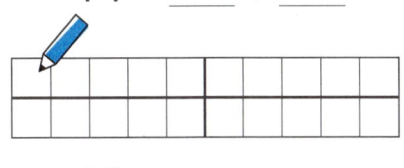
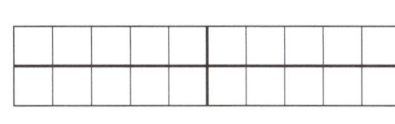
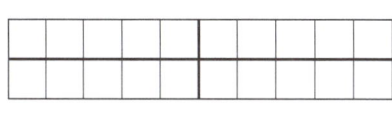

12 = ___ + ___   18 = ___ + ___   ___ = ___ + ___

4

13 = 10 + 3   11 = ___ + ___   ✽ ___ = 10 + ___

15 = ___ + 5   19 = ___ + ___   ___ = 10 + ___

12 = 10 + ___   16 = ___ + ___   ___ = 10 + ___

14 = ___ + 4   20 = ___ + ___   ___ = 10 + ___

18 = 10 + ___   17 = ___ + ___   ___ = 10 + ___

1 Anzahlen bestimmen, jeweils 10 Cent einkreisen und Zehner und Einer in die Stellenwerttabelle eintragen. **2** Anzahlen zeichnen.

Zahlen zerlegen

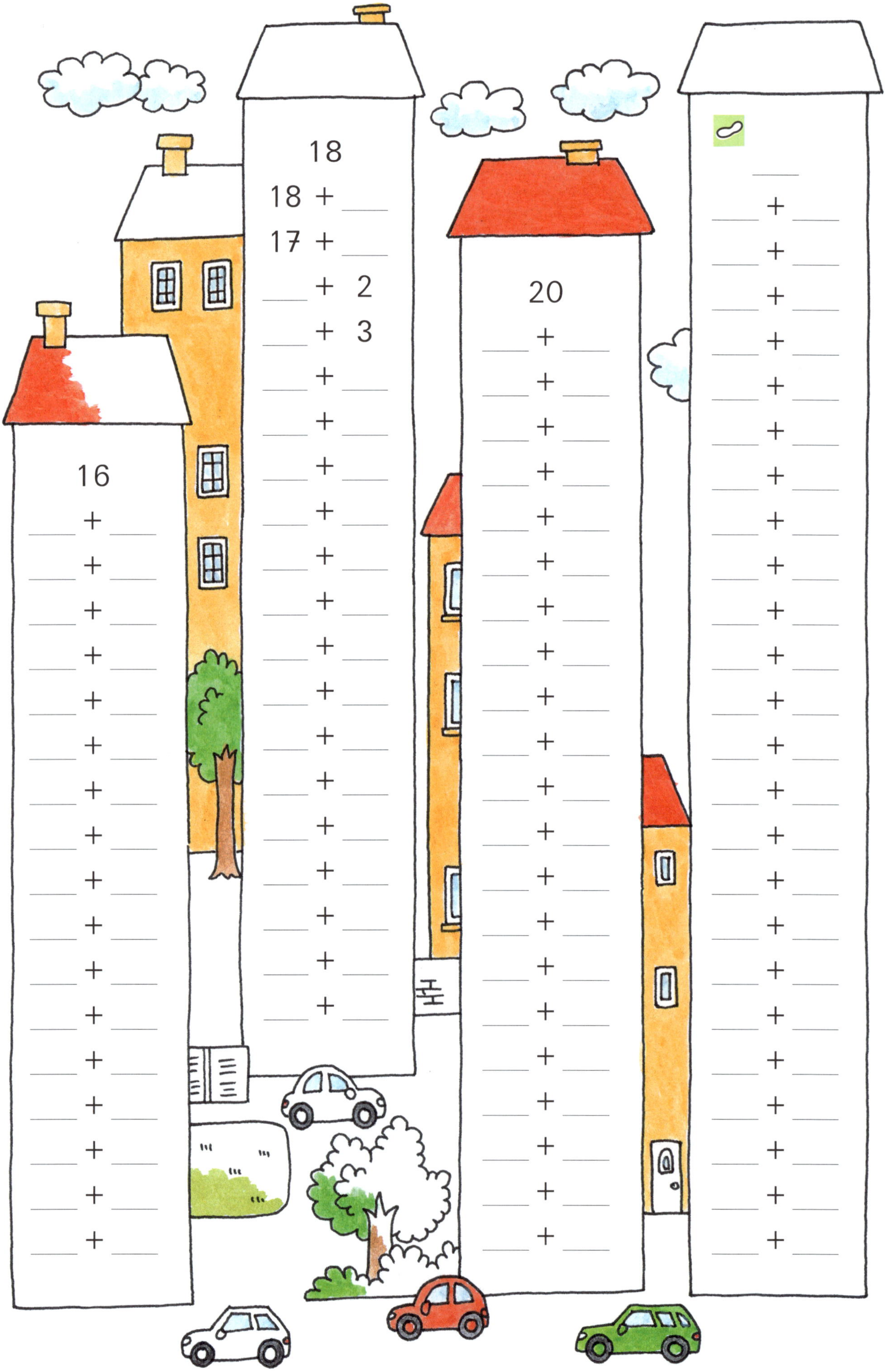

16

\+
\+
\+
\+
\+
\+
\+
\+
\+
\+
\+
\+
\+
\+
\+
\+

18

18 + ___
17 + ___
___ + 2
___ + 3
\+
\+
\+
\+
\+
\+
\+
\+
\+
\+
\+
\+
\+

20

\+
\+
\+
\+
\+
\+
\+
\+
\+
\+
\+
\+
\+
\+
\+
\+
\+
\+
\+

\+
\+
\+
\+
\+
\+
\+
\+
\+
\+
\+
\+
\+
\+
\+
\+
\+
\+
\+

36

1 Alle Zerlegungen zu den Zahlen 16, 18 und 20 finden und notieren. Ebenso mit einer selbst gewählten Zahl verfahren.

1

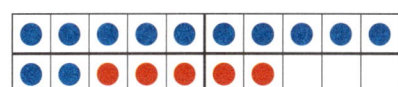

$2 + 5 =$ ___ $\qquad$ $6 + 3 =$ ___ $\qquad$ $1 + 9 =$ ___

$12 + 5 =$ ___ $\qquad$ $16 + 3 =$ ___ $\qquad$ $11 + 9 =$ ___

___ $+$ ___ $=$ ___ $\qquad$ ___ $+$ ___ $=$ ___ $\qquad$ ___ $+$ ___ $=$ ___

$14 + 2 =$ ___ $\qquad$ $12 + 7 =$ ___ $\qquad$ $13 + 4 =$ ___

2

$2 + 4 =$ ___ $\qquad$ $5 + 3 =$ ___ $\qquad$ $3 + 7 =$ ___

$12 + 4 =$ ___ $\qquad$ ___ $+$ ___ $=$ ___ $\qquad$ ___ $+$ ___ $=$ ___

___ $+$ ___ $=$ ___ $\qquad$ ___ $+$ ___ $=$ ___ $\qquad$ ___ $+$ ___ $=$ ___

$11 + 7 =$ ___ $\qquad$ $14 + 3 =$ ___ $\qquad$ $11 + 5 =$ ___

___ $+$ ___ $=$ ___ $\qquad$ ___ $+$ ___ $=$ ___ $\qquad$ ___ $+$ ___ $=$ ___

$18 + 1 =$ ___ $\qquad$ $15 + 4 =$ ___ $\qquad$ $13 + 6 =$ ___

3 Bilde Tauschaufgaben.

$2 + 15 = \mathit{17}$ $\qquad$ $4 + 13 =$ ___ $\qquad$ $7 + 12 =$ ___

$\mathit{15} + \mathit{2} =$ $\qquad$ ___ $+$ ___ $=$ $\qquad$ ___ $+$ ___ $=$

$6 + 14 =$ ___ $\qquad$ $5 + 11 =$ ___ $\qquad$ $2 + 18 =$ ___

___ $+$ ___ $=$ $\qquad$ ___ $+$ ___ $=$ $\qquad$ ___ $+$ ___ $=$

✳ Bilde verschiedene Aufgaben.

___ $+ 6 =$ ___ $\qquad$ ___ $+ 6 =$ ___ $\qquad$ ___ $+ 6 =$ ___

$6 +$ ___ $=$ ___ $\qquad$ ___ $+$ ___ $=$ $\qquad$ ___ $+$ ___ $=$

Differenzierung: Zahlenkarten verwenden.

Minusaufgaben üben

1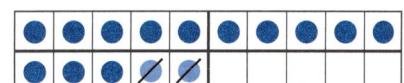

$5 - 2 =$ ___
$15 - 2 =$ ___

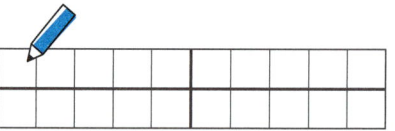

$6 - 3 =$ ___
$16 - 3 =$ ___

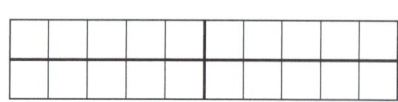

$9 - 1 =$ ___
$19 - 1 =$ ___

___ $-$ ___ $=$ ___
$14 - 2 =$ ___

___ $-$ ___ $=$ ___
$20 - 9 =$ ___

___ $-$ ___ $=$ ___
$17 - 7 =$ ___

2

$9 - 3 =$ ___
$19 - 3 =$ ___

$7 - 5 =$ ___
___ $-$ ___ $=$ ___

$6 - 2 =$ ___
___ $-$ ___ $=$ ___

___ $-$ ___ $=$ ___
$12 - 2 =$ ___

___ $-$ ___ $=$ ___
$14 - 3 =$ ___

___ $-$ ___ $=$ ___
$19 - 4 =$ ___

3 Richtig oder falsch? Verbinde alle berichtigten Ergebnisse.

$10 - 7 =$ ~~2~~ _3_
$6 - 5 =$ 1 ✓
$7 - 3 =$ 5 ___
$9 - 1 =$ 7 ___
$8 - 2 =$ 6 ___
$11 - 4 =$ 7 ___
$11 - 1 = 12$ ___
$18 - 5 = 13$ ___
$15 - 3 = 12$ ___
$19 - 8 = 12$ ___
$12 - 0 = 10$ ___

$16 - 3 = 14$ ___
$18 - 7 = 11$ ___
$18 - 4 = 15$ ___
$12 - 2 = 10$ ___
$17 - 2 =$ 9 ___

$14 - 4 = 10$ ___
$19 - 3 = 15$ ___
$14 - 3 = 11$ ___
$17 - 0 =$ 7 ___
$10 - 9 =$ 1 ___
$16 - 5 = 11$ ___
$20 - 8 = 12$ ___
$19 - 0 = 18$ ___
$15 - 1 = 14$ ___
$20 - 0 =$ 2 ___
$16 - 4 = 12$ ___

3 Lösungen prüfen. Falsche Ergebnisse berichtigen und verbinden. **Differenzierung:** Aufgaben im Zwanzigerfeld legen.

$17 - 3 = 14$

$14 + 3 = \underline{}$

$15 - 2 = \underline{}$

$\underline{} + 2 = \underline{}$

$18 - 4 = \underline{}$

$\underline{} + 4 = \underline{}$

$19 - 6 = \underline{}$

$\underline{} + \underline{} = \underline{}$

$20 - 3 = \underline{}$

$\underline{} + \underline{} = \underline{}$

$13 - 2 = \underline{}$

$\underline{} + \underline{} = \underline{}$

$12 + 5 = \underline{}$

$\underline{} - 5 = \underline{}$

$11 + 8 = \underline{}$

$\underline{} - 8 = \underline{}$

$15 + 3 = \underline{}$

$\underline{} - 3 = \underline{}$

$16 + 3 = \underline{}$

$\underline{} - \underline{} = \underline{}$

$14 + 6 = \underline{}$

$\underline{} - \underline{} = \underline{}$

$13 + 7 = \underline{}$

$\underline{} - \underline{} = \underline{}$

Bilde Umkehraufgaben.

$14 - 3 = \underline{}$

$\underline{} + \underline{} = \underline{}$

$16 - 4 = \underline{}$

$\underline{} + \underline{} = \underline{}$

$19 - 7 = \underline{}$

$\underline{} + \underline{} = \underline{}$

$13 + \underline{} = 17$

$\underline{} - \underline{} = \underline{}$

$15 + \underline{} = 19$

$\underline{} - \underline{} = \underline{}$

$11 + \underline{} = 17$

$\underline{} - \underline{} = \underline{}$

Schreibe eine Rechengeschichte auf, löse und antworte.

1 a) Spiegele und kreise alle Fehler rot ein.

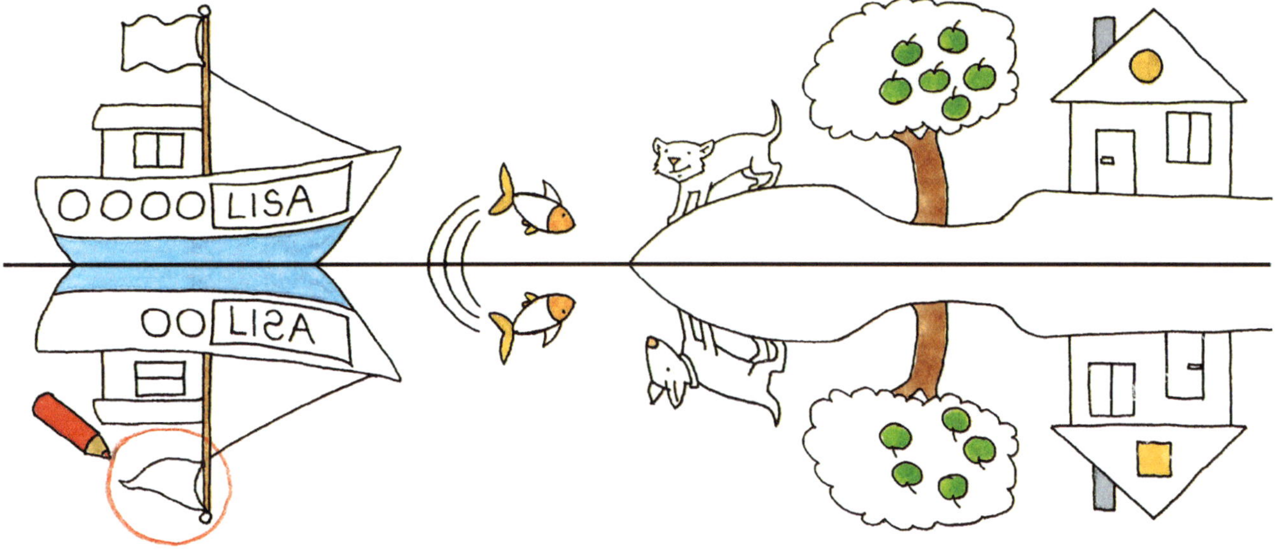

b)

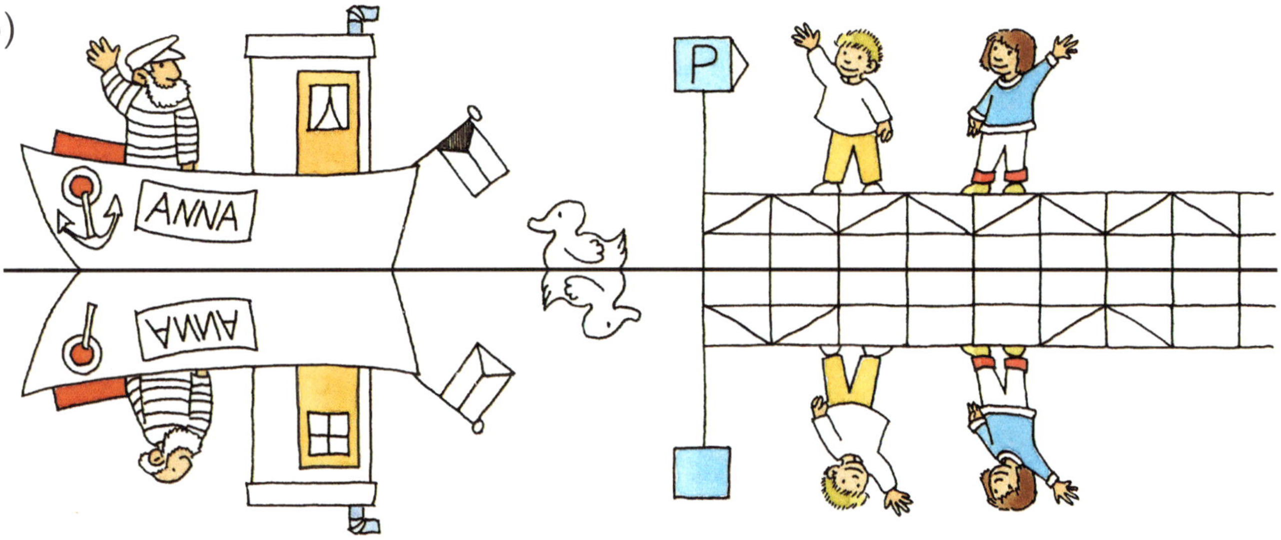

2 Vervollständige das Spiegelbild.

1

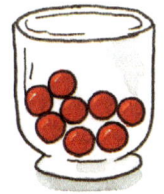

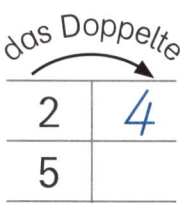

das Doppelte	
2	4
5	
8	
	14
	18

2 + 2 = 4   5 + 5 = ___   8 + ___ = ___   ___ + ___ = ___

___ + ___ = ___   ___ + ___ = ___   ___ + ___ = 14   ___ + ___ = 18

2

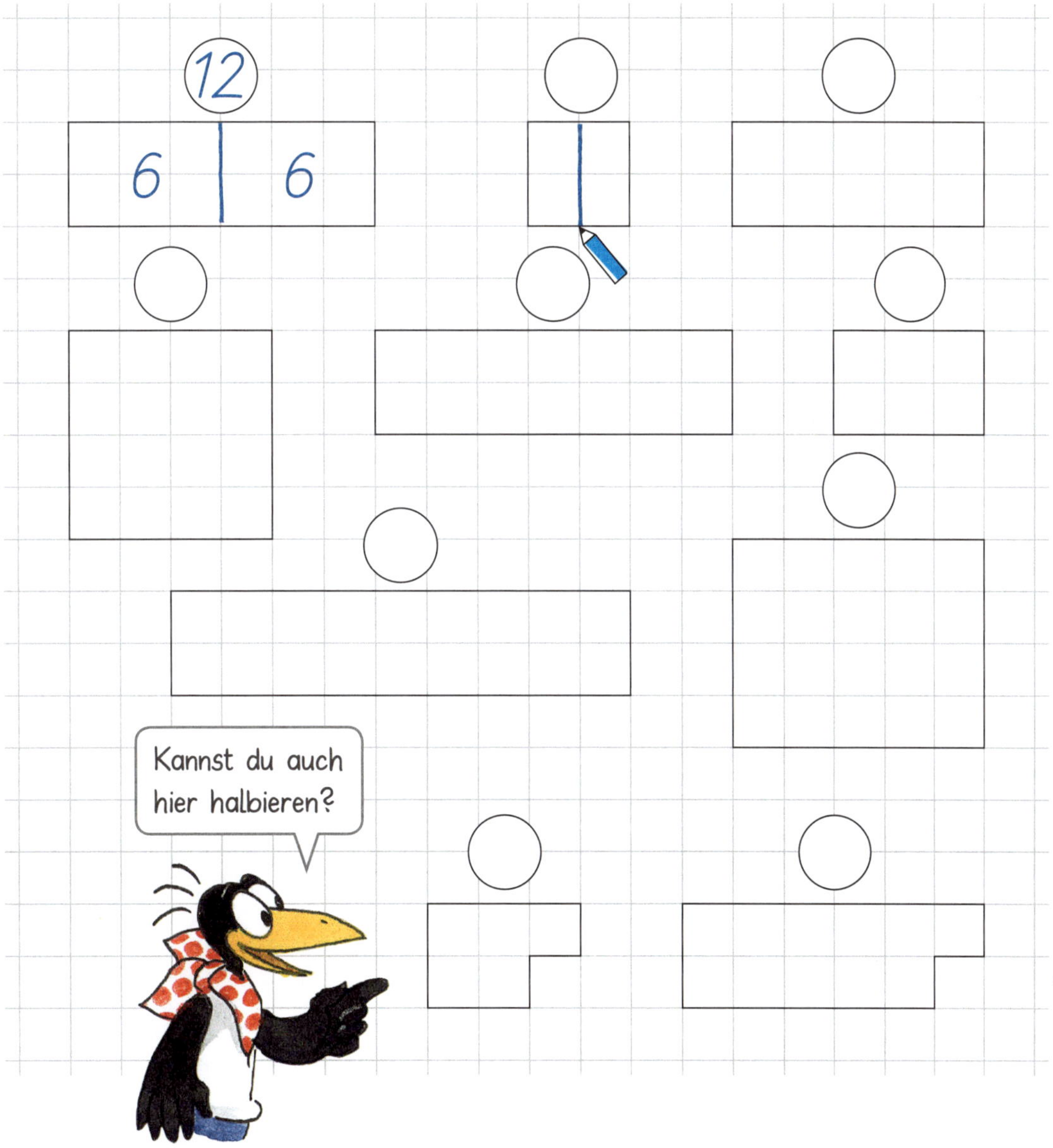

12

6 | 6

die Hälfte	
12	6
4	2
10	

Kannst du auch hier halbieren?

1 Anzahl der Kugeln verdoppeln, einzeichnen und Gleichung notieren. Die Ergebnisse in die Tabelle eintragen. **2** Figuren (sofern möglich) halbieren und Zahlen zuordnen. Die Ergebnisse in die Tabelle eintragen.

74 75   **41**

1 Finde jeweils alle Zerlegungen.

10

10 + ___
___ + 1
8 + ___
___ + 3
6 + ___
___ + 5
4 + ___
___ + 7
2 + ___
___ + 9
0 + ___

10

0 + *10*
1 + ___
___ + ___
___ + ___
___ + ___
___ + ___
___ + ___
___ + ___
___ + ___
___ + ___
___ + ___
___ + ___

2 Ergänze zuerst auf 10. Unterstreiche.

7 + 3 + 4 = *10* + *4* = ___   6 + 7 + 4 = *10* + *7* = ___

8 + 2 + 5 = ___ + ___ =   3 + 8 + 2 = ___ + ___ =

4 + 6 + 2 = ___ + ___ =   5 + 2 + 5 = ___ + ___ =

5 + 5 + 3 = ___ + ___ =   9 + 9 + 1 = ___ + ___ =

1 + 9 + 7 = ___ + ___ =   3 + 8 + 7 = ___ + ___ =

3 Verdopple zuerst. Unterstreiche.

8 + 8 + 3 = *16* + *3* = ___   7 + 5 + 7 = *14* + *5* = ___

4 + 4 + 2 = ___ + ___ =   3 + 4 + 3 = ___ + ___ =

5 + 5 + 6 = ___ + ___ =   2 + 9 + 9 = ___ + ___ =

7 + 7 + 4 = ___ + ___ =   6 + 7 + 6 = ___ + ___ =

9 + 9 + 1 = ___ + ___ =   4 + 0 + 4 = ___ + ___ =

76

2, 3 Rechenvorteil durch Unterstreichen hervorheben und nutzen.

1

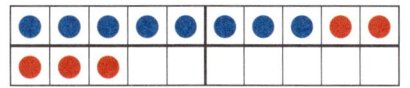   8 + 5   7 + 9   6 + 7

$\underline{8}+\quad=\underline{10}$ ___ + ___ =   ___ + ___ =
$\underline{10}+\quad=$ ___ + ___ =   ___ + ___ =

2

9 + 2   8 + 7   5 + 9

$\underline{9}+\quad=\underline{10}$ ___ + ___ =   ___ + ___ =
$\underline{10}+\quad=$ ___ + ___ =   ___ + ___ =

3

8 + 3   5 + 8   7 + 5

$\underline{8}+\quad=\underline{10}$ ___ + ___ =   ___ + ___ =
$\underline{10}+\quad=$ ___ + ___ =   ___ + ___ =

9 + 6   7 + 9   4 + 8

___ + ___ =   ___ + ___ =   ___ + ___ =
___ + ___ =   ___ + ___ =   ___ + ___ =

4

5 + 6 = ___   6 + 7 = ___
8 + 5 = ___   8 + 7 = ___
4 + 9 = ___   6 + 5 = ___
8 + 9 = ___   7 + 6 = ___
6 + 9 = ___   9 + 8 = ___
11   13   15   17

5

9 + 7 = ___   9 + 5 = ___
5 + 9 = ___   6 + 8 = ___
8 + 8 = ___   8 + 4 = ___
8 + 6 = ___   6 + 6 = ___
7 + 7 = ___   7 + 9 = ___
12   14   16

1 Übe die Strategien.

Zwischenstopp bei 10	Verdoppeln	Zehner sehen

   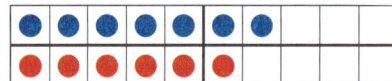   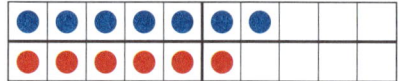

7 + 6 | 7 + 6 | 7 + 6

7 + ____ = 10
10 + ____ = ____

6 + 6 = ____
____ + ____ = ____

5 + 5 = ____
____ + ____ = ____

8 + 7 | 8 + 7 | 8 + 7

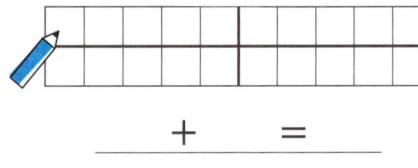   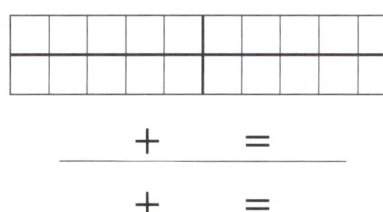   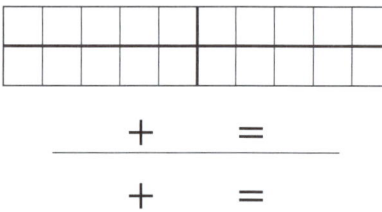

____ + ____ = ____
____ + ____ = ____

____ + ____ = ____
____ + ____ = ____

____ + ____ = ____
____ + ____ = ____

____ + ____ | ____ + ____ | ____ + ____

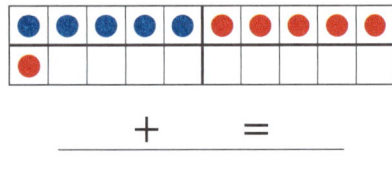   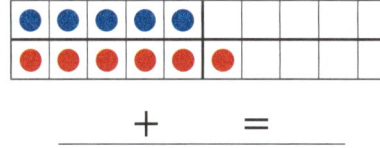   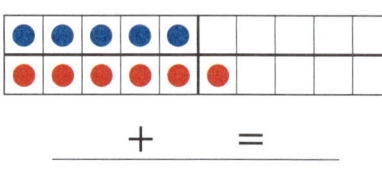

____ + ____ = ____
____ + ____ = ____

____ + ____ = ____
____ + ____ = ____

____ + ____ = ____
____ + ____ = ____

2 Wie rechnest du?

3 + 8
____ + ____ = ____
____ + ____ = ____

9 + 6
____ + ____ = ____
____ + ____ = ____

6 + 7
____ + ____ = ____
____ + ____ = ____

7 + 4
____ + ____ = ____
____ + ____ = ____

11   13   15

3

Auf Seite 72 findest du eine 1+1 Tafel. Fülle sie aus. Was entdeckst du?

1 Rechenvorteil: Tauschaufgabe.

4 + 7 = ___   3 + 10 = ___   5 + 7 = ___
7 + 4 = ___   ___ + ___ = ___   ___ + ___ = ___

5 + 10 = ___   2 + 9 = ___   3 + 8 = ___
___ + ___ = ___   ___ + ___ = ___   ___ + ___ = ___

2 Rechne Aufgaben mit 9 vorteilhaft.

4 + 9 = ___   2 + 9 = ___   7 + 2 = ___
5 + 6 = ___   9 + 8 = ___   8 + 5 = ___
6 + 9 = ___   6 + 7 = ___   7 + 8 = ___
7 + 6 = ___   9 + 0 = ___   9 + 6 = ___

8 + 7 = ___      7 + 4 = ___
9 + 2 = ___   4 + 5 = ___
5 + 8 = ___   9 + 4 = ___
8 + 9 = ___   6 + 5 = ___

9   11   13   15   17

3

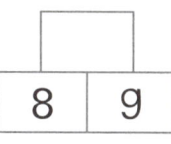
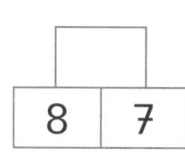
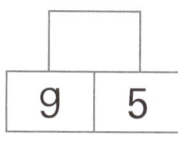

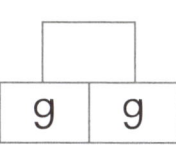
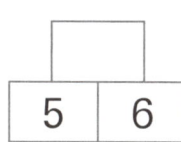
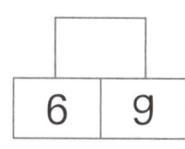
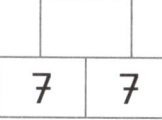

4

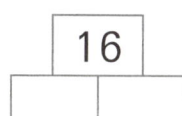
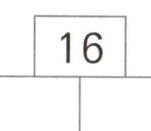

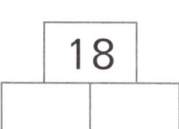

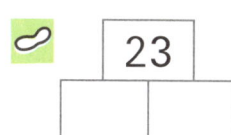

1 Plusaufgaben mit Hilfe der Tauschaufgabe lösen.   **2** Bei den „eingestreuten" Aufgaben mit 9 den Rechenvorteil nutzen.   **4** Verschiedene Lösungsmöglichkeiten zu einer Decksteinzahl finden.

Minus: Rund um die 10

1 Rechne: Immer 10.

14 − ___ = 10	19 − 9 = ___	18 − ___ = 10
12 − 2 = ___	11 − ___ = 10	17 − 7 = ___
17 − ___ = 10	16 − 6 = ___	12 − ___ = 10
10 − 0 = ___	18 − ___ = 10	11 − 1 = ___
13 − ___ = 10	15 − 5 = ___	16 − ___ = 10

2

10 − 3 = ___	10 − 6 = ___
10 − 4 = ___	10 − ___ = 3
10 − 7 = ___	10 − 2 = ___
10 − 8 = ___	10 − ___ = 7
10 − ___ = 8	10 − 9 = ___
10 − ___ = 5	10 − ___ = 2
10 − ___ = 4	10 − 5 = ___
10 − ___ = 1	10 − ___ = 6

3 Rechne zuerst bis zur 10. Unterstreiche.

15 − 5 − 2 = *10 − 2* = ___	19 − 2 − 9 = *10 − 2* = ___
12 − 2 − 6 = ___ − ___ = ___	17 − 7 − 7 = ___ − ___ = ___
18 − 8 − 5 = ___ − ___ = ___	11 − 1 − 4 = ___ − ___ = ___
14 − 4 − 3 = ___ − ___ = ___	13 − 5 − 3 = ___ − ___ = ___
10 − 0 − 1 = ___ − ___ = ___	16 − 0 − 6 = ___ − ___ = ___

4 Halbiere zuerst. Unterstreiche.

14 − 7 − 3 = *7 − 3* = ___	10 − 2 − 5 = *5 − 2* = ___
18 − 9 − 1 = ___ − ___ = ___	16 − 8 − 4 = ___ − ___ = ___
12 − 6 − 5 = ___ − ___ = ___	18 − 6 − 9 = ___ − ___ = ___
10 − 5 − 3 = ___ − ___ = ___	12 − 6 − 6 = ___ − ___ = ___
16 − 8 − 3 = ___ − ___ = ___	14 − 3 − 7 = ___ − ___ = ___

3, 4 Rechenvorteil durch Unterstreichen hervorheben und nutzen.

1

14 − 5	11 − 4	12 − 3

$14 - \underline{\quad} = 10$
$10 - \underline{\quad} =$

$\underline{\quad} - \underline{\quad} = $
$\underline{\quad} - \underline{\quad} = $

$\underline{\quad} - \underline{\quad} = $
$\underline{\quad} - \underline{\quad} = $

2

11 − 3	12 − 5	15 − 8

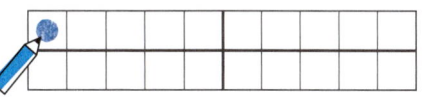

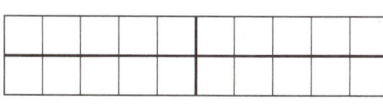

$11 - \underline{\quad} = 10$
$10 - \underline{\quad} =$

$\underline{\quad} - \underline{\quad} = $
$\underline{\quad} - \underline{\quad} = $

$\underline{\quad} - \underline{\quad} = $
$\underline{\quad} - \underline{\quad} = $

3

13 − 6	17 − 9	15 − 7

$13 - \underline{\quad} = 10$
$10 - \underline{\quad} =$

$\underline{\quad} - \underline{\quad} = $
$\underline{\quad} - \underline{\quad} = $

$\underline{\quad} - \underline{\quad} = $
$\underline{\quad} - \underline{\quad} = $

11 − 6	14 − 8	16 − 7

$\underline{\quad} - \underline{\quad} = $
$\underline{\quad} - \underline{\quad} = $

$\underline{\quad} - \underline{\quad} = $
$\underline{\quad} - \underline{\quad} = $

$\underline{\quad} - \underline{\quad} = $
$\underline{\quad} - \underline{\quad} = $

4

$12 - 5 = \underline{\quad}$ $16 - 9 = \underline{\quad}$
$13 - 6 = \underline{\quad}$ $11 - 8 = \underline{\quad}$
$11 - 2 = \underline{\quad}$ $14 - 5 = \underline{\quad}$
$12 - 9 = \underline{\quad}$ $15 - 8 = \underline{\quad}$
$14 - 7 = \underline{\quad}$ $13 - 4 = \underline{\quad}$

3   7   9

5

$11 - 5 = \underline{\quad}$ $13 - 7 = \underline{\quad}$
$13 - 9 = \underline{\quad}$ $12 - 8 = \underline{\quad}$
$15 - 7 = \underline{\quad}$ $11 - 7 = \underline{\quad}$
$14 - 8 = \underline{\quad}$ $15 - 9 = \underline{\quad}$
$16 - 8 = \underline{\quad}$ $14 - 6 = \underline{\quad}$

4   6   8

Rechenstrategien mit minus

1 Übe die Strategien.

Zwischenstopp bei 10　　　Halbieren　　　5 wegnehmen

| 13 – 7 | 16 – 8 | 14 – 5 |

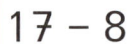
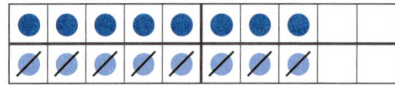
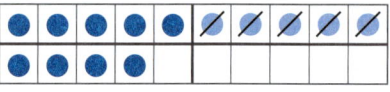

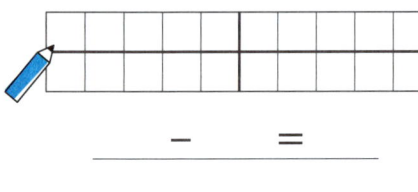

13 – ＿ = 10
10 – ＿ = ＿

16 – 8 = ＿

14 – 5 = ＿

| 17 – 8 | 20 – 10 | 12 – 5 |

＿ – ＿ = ＿
＿ – ＿ = ＿

＿ – ＿ = ＿

＿ – ＿ = ＿

| ＿ – ＿ | ＿ – ＿ | ＿ – ＿ |

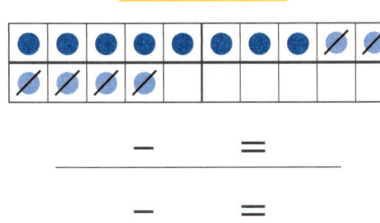
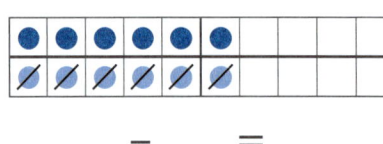
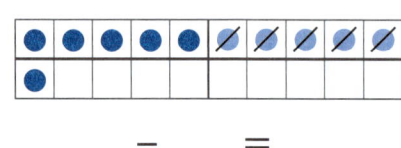

＿ – ＿ = ＿
＿ – ＿ = ＿

＿ – ＿ = ＿

＿ – ＿ = ＿

2 ✳ Wie rechnest du?

| 11 – 8 | 13 – 5 | 15 – 7 |

＿ – ＿ = ＿
＿ – ＿ = ＿

＿ – ＿ = ＿
＿ – ＿ = ＿

＿ – ＿ = ＿
＿ – ＿ = ＿

| 12 – 7 | 17 – 9 | 13 – 8 |

＿ – ＿ = ＿
＿ – ＿ = ＿

＿ – ＿ = ＿
＿ – ＿ = ＿

＿ – ＿ = ＿
＿ – ＿ = ＿

3　5　8

1 Kontrolliere mit der Umkehraufgabe.

11 − 6 = ___   14 − 7 = ___   13 − 5 = ___
___ + _6_ = 11   ___ + ___ = ___   ___ + ___ = ___

12 − 4 = ___   17 − 8 = ___   12 − 7 = ___
___ + ___ = ___   ___ + ___ = ___   ___ + ___ = ___

2 Rechne Aufgaben mit 9 vorteilhaft.

17 − 8 = ___   12 − 9 = ___   15 − 8 = ___
11 − 4 = ___   11 − 8 = ___   14 − 9 = ___
16 − 9 = ___   12 − 7 = ___   11 − 2 = ___
13 − 8 = ___   12 − 3 = ___   15 − 6 = ___

14 − 5 = ___   12 − 5 = ___
16 − 7 = ___    13 − 4 = ___
13 − 6 = ___   14 − 7 = ___
11 − 6 = ___   18 − 9 = ___

3   5   7   9

3

12	
	5

14	
	8

15	
	6

11	
	4

13	
6	

16	
9	

14	
5	

12	
7	

4

18	

18	

16	

16	

12	

12	

✿	22

✿	22

4 Verschiedene Möglichkeiten finden, die Rechenmauern zu lösen.

Aufgabenfamilien

1 □

6 + 2 = ___
2 + 6 = ___
8 − 2 = ___
8 − 6 = ___

6 + 4 = ___
___ + ___ = ___
10 − 4 = ___
___ − ___ = ___

___ + ___ = ___
12 + 5 = ___
___ − ___ = ___
___ − ___ = ___

🥜 ___ + ___ = ___
___ + ___ = ___
20 − 3 = ___
___ − ___ = ___

2 □

8 + 5 = ___
5 + 8 = ___
___ − 5 = 8
___ − 8 = 5

___ + ___ = ___
8 + 9 = ___
___ − ___ = ___
___ − ___ = ___

6 + 8 = ___
___ + ___ = ___
14 − 8 = ___
___ − ___ = ___

🥜 ___ + ___ = ___
___ + ___ = ___
13 − 6 = ___
___ − ___ = ___

7 + 4 = ___
___ + ___ = ___
11 − 4 = ___
___ − ___ = ___

🥜 ___ + ___ = ___
___ + ___ = ___
___ − ___ = ___
15 − 7 = ___

3 □

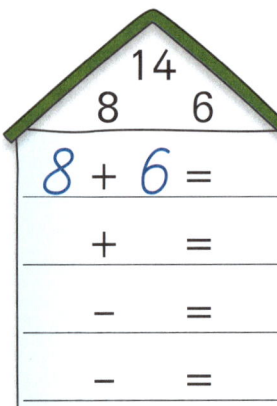

14
8   6
8 + *6* =
___ + ___ =
___ − ___ =
___ − ___ =

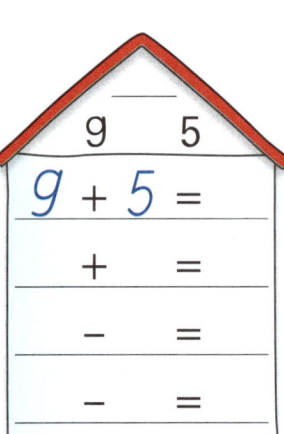

9   5
9 + *5* =
___ + ___ =
___ − ___ =
___ − ___ =

🥜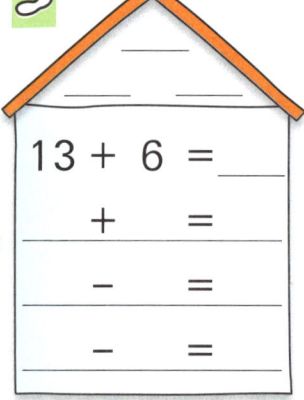

___   ___
___   ___
13 + 6 = ___
___ + ___ =
___ − ___ =
___ − ___ =

🥜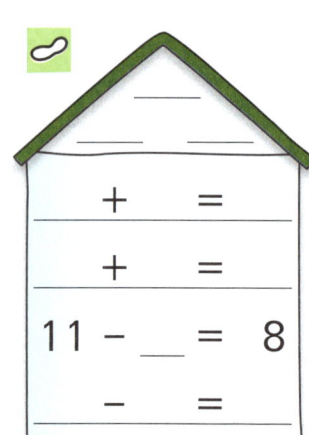

___   ___
___   ___
___ + ___ =
___ + ___ =
11 − ___ = 8
___ − ___ =

1

+	5	0	4	8
0				
3				
6				
9				
12				

11

+	6	9		
3				
5				
7		12		
9			17	
11				

2

−	6	3	9	7
11				
13				*6*
15				
17				
19				

−	8	5		
12				
14		8		
16				7
18				
20				

3

6, 11 grün   8, 12 blau   7, 13 rot   9, 14 gelb

Ball 1:
13 − 7   11 − 2   12 − 4   15 − 8
17 − 9   14 − 7   15 − 9   14 − 5
15 − 6   16 − 8   13 − 0   14 − 8

Ball 2:
8 + 3   7 + 6   6 + 8   3 + 9
10 + 4   7 + 5   2 + 9   5 + 8
9 + 4   7 + 7   6 + 6   1 + 10

Ball 3:
8 + 4   11 − 5   5 + 9   12 − 5
18 − 9   8 + 5   15 − 7   6 + 5
6 + 7   13 − 4   7 + 4   14 − 6

Mit Geld umgehen

1 Lege 20 Cent mit verschieden vielen Münzen. Zeichne.

1 Münze	(20)		4 Münzen	
2 Münzen			5 Münzen	
3 Münzen			6 Münzen	

2 Wechsle **10** um.

1 € und 2 € sehen sich zum Verwechseln ähnlich.

5	

Wechsle **10** **5** um.

3 Streiche durch, was zu viel ist.

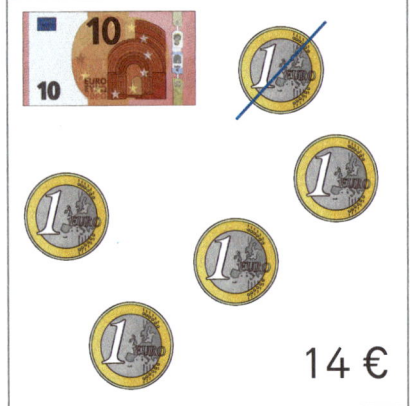
14 €

19 €

17 €

1 20 Cent auf unterschiedliche Weise wechseln, Beträge legen und zeichnen.
2 10 Euro bzw. 15 Euro auf unterschiedliche Weise wechseln, Beträge legen und zeichnen.

1 Wie viele verschiedene Möglichkeiten findest du?

Du hast: ▲ ▲ ▼ ▼ ● . Lege und male an.

2 Wie viele verschiedene Möglichkeiten findest du?

Du hast: ◆ ◆ ▶ ▶ ◀ ◀ . Lege und male an.

3 Es gibt 8 verschiedene 3er-Ketten. Finde sie.

Du hast: ● ● ● ● ● ● . Lege und male an.

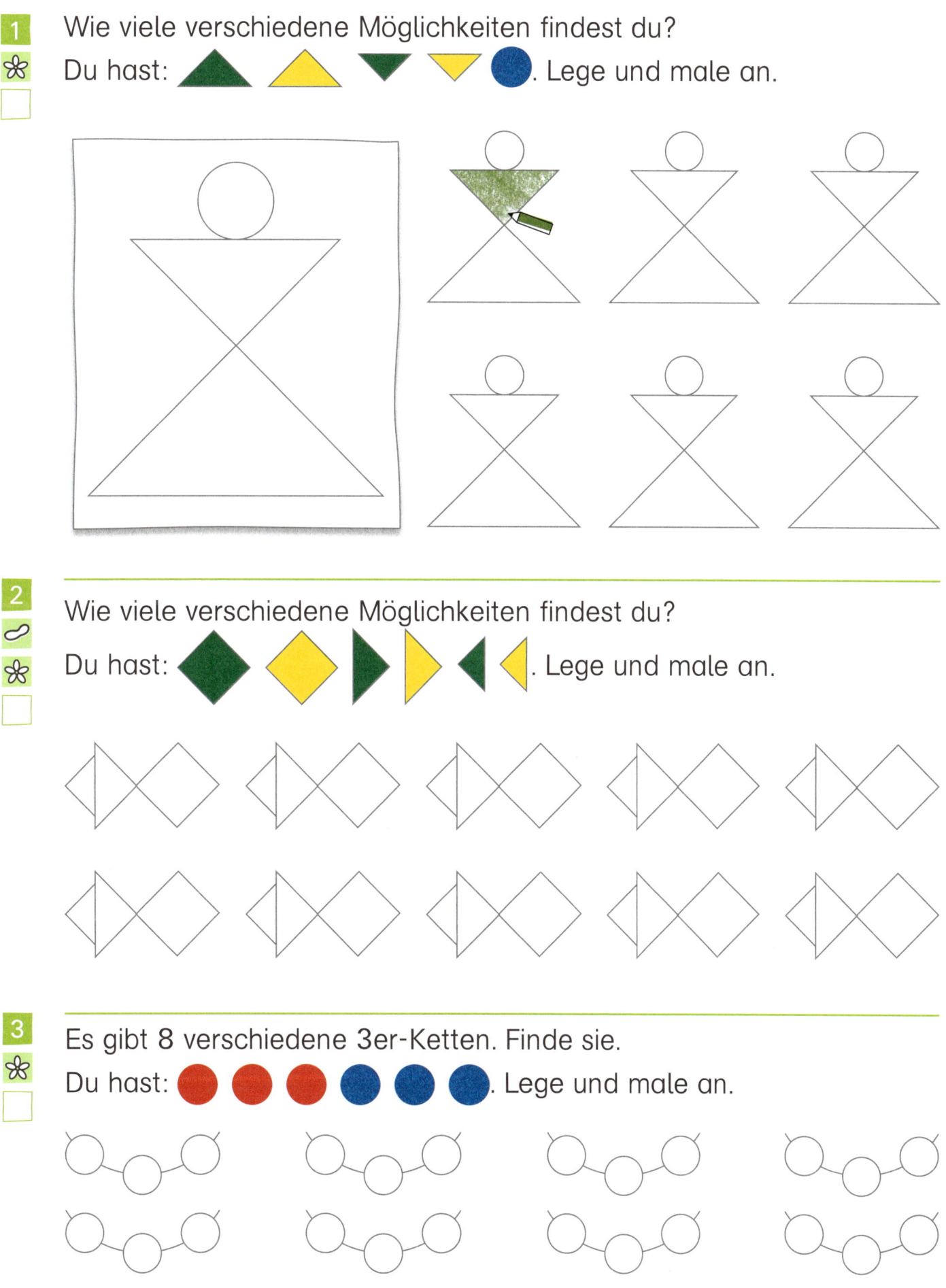

1 – 3 Mit Beilageplättchen legen, Lösungen sortieren und malen.   **1, 2** Aus den zur Verfügung stehenden Beilageplättchen geeignet auswählen und kombinieren. Es werden nicht alle leeren Figuren benötigt.

Gleichungen lösen

1

$$4 + \underline{} = 12$$

$$12 - \underline{} = 4$$

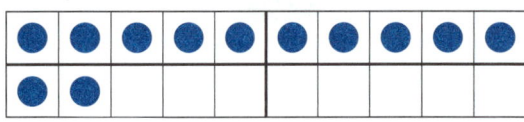

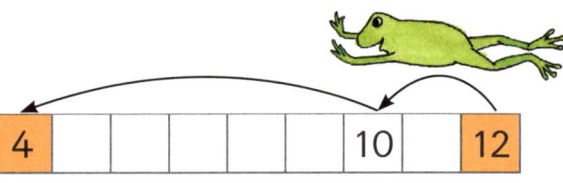

2

$$6 + \underline{} = 15$$

$$17 - \underline{} = 8$$

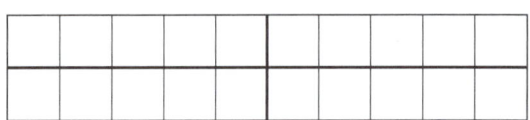

3

$3 + \underline{} = 11$	$4 + \underline{} = 12$	$17 - \underline{} = 9$	$12 - \underline{} = 9$
$9 + \underline{} = 17$	$5 + \underline{} = 13$	$13 - \underline{} = 8$	$11 - \underline{} = 6$
$7 + \underline{} = 12$	$9 + \underline{} = 12$	$16 - \underline{} = 8$	$14 - \underline{} = 6$
$8 + \underline{} = 11$	$6 + \underline{} = 11$	$12 - \underline{} = 4$	$15 - \underline{} = 7$

3   5   8

4

$$\underline{5} + 7 = 12 \qquad \underline{} + 8 = 11 \qquad \underline{} - 6 = 7 \qquad \underline{} - 9 = 8$$

$$12 - \underline{} = \underline{}$$

$$\underline{} + 6 = 14 \qquad \underline{} + 5 = 13 \qquad \underline{} - 8 = 6 \qquad \underline{} - 5 = 6$$

$$\underline{} + 4 = 18 \qquad \underline{} + 4 = 12 \qquad \underline{} - 2 = 18 \qquad \underline{} - 3 = 11$$

100

1, 2 Plättchen dazumalen oder durchstreichen und am Zahlenband springen.

1

$\underline{4+4}$ ◯ 6   _____ ◯ 6   _____ ◯ 8

$\underline{8}$ ⊘ 6   _____ ◯ 6   _____ ◯ 8

2

5 + 2 ⊘ 8   12 ◯ 7 + 1   ◐ 11 + 5 ◯ 16 + 0

5 + 3 ◯ 8   12 ◯ 3 + 7   13 + 6 ◯ 8 + 6

5 + 4 ◯ 8   12 ◯ 7 + 5   14 − 4 ◯ 4 + 7

5 + 6 ◯ 8   12 ◯ 7 + 7   12 + 0 ◯ 20 − 8

5 + 8 ◯ 8   12 ◯ 7 + 9   15 + 1 ◯ 9 + 9

3

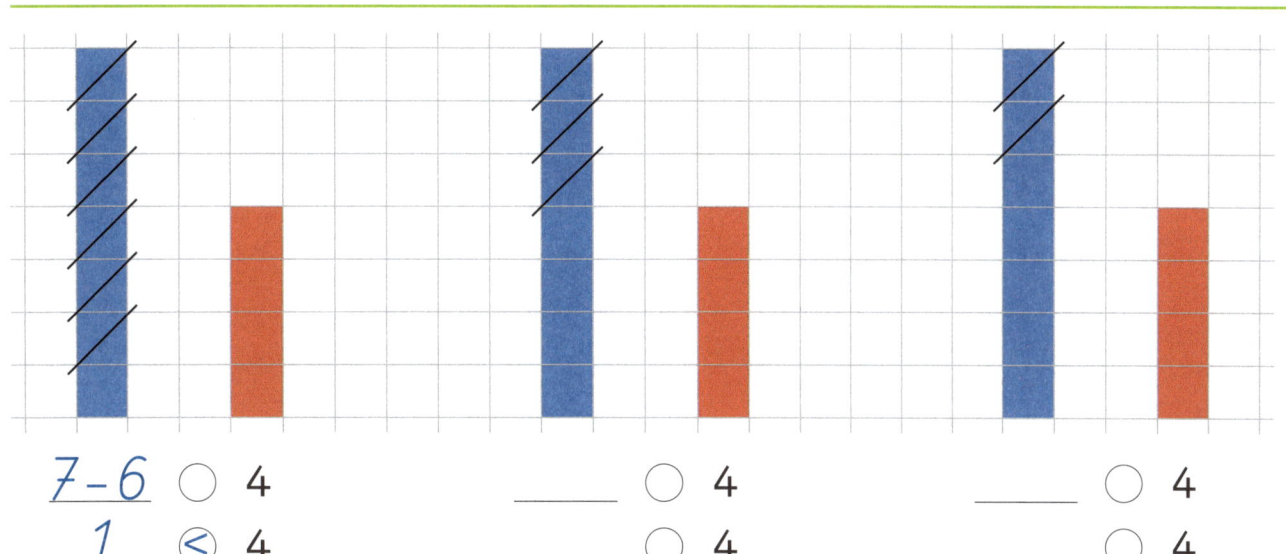

$\underline{7-6}$ ◯ 4   _____ ◯ 4   _____ ◯ 4

$\underline{1}$ ⊘ 4   _____ ◯ 4   _____ ◯ 4

4

15 − 4 ◯ 8   5 ◯ 10 − 6   ◐ 19 − 7 ◯ 15 − 4

15 − 5 ◯ 8   5 ◯ 11 − 6   17 − 5 ◯ 13 − 6

15 − 6 ◯ 8   5 ◯ 12 − 6   9 + 4 ◯ 18 − 4

15 − 7 ◯ 8   5 ◯ 13 − 6   12 − 6 ◯ 1 + 5

1 Plusaufgabe finden, lösen und Ergebnis mit vorgegebener Zahl bzw. Term vergleichen.
3 Minusaufgabe finden, lösen und Ergebnis mit vorgegebener Zahl bzw. Term vergleichen.

1 Gleiches Zeichen bedeutet gleiche Zahl. Trage die Zahlen ein.

$6 + 4 = 10$ $19 - \hexagon = 11$ $\star + \trapezoid = \pentagon$

$\triangledown + \triangledown = 6$ $\parallelogram - \hexagon = \hexagon$ $\parallelogram - \triangle = \star$

$\triangledown + \square = \bigcirc$ $20 - \hexagon = \bigcirc$ $\pentagon - \triangle = 10$

$\bigcirc + \square = \rectangle$ $\bigcirc - \house = \hexagon$ $\parallelogram + \trapezoid = \pentagon$

$\rectangle + \triangledown = 18$ $\parallelogram - \house = \bigcirc$ $\triangle + 12 = 20$

2

| 7 | 12 | 8 | 13 | 9 | | | 15 | | |

| 5 | 9 | 6 | 10 | 7 | | | | | 13 |

| 4 | | | 13 | 10 | 16 | 13 | 19 | | |

| | | 17 | 10 | 14 | 7 | 11 | | | 1 |

| | | | 19 | 14 | 17 | 12 | | | 13 |

3

	+		=	8
+		+		+
	+	4	=	
=		=		=
12	+		=	19

Kannst du die Rätsel lösen?

	-	7	=	
-		-		-
11	-		=	7
=		=		=
	-		=	5

1

| 8 | 3 | 4 |

| 4 | 3 | 9 |

| 8 | 4 | 13 |

	18	
6		
	2	

	19	
		8
3		

	25	
		16
6		

2 Wo ist das Ergebnis oben am größten? Wo am kleinsten?

Kreuze zuerst an und rechne dann.

1

| 1 | 2 | 3 |

☐ am größten
☐ am kleinsten

| 1 | 3 | 2 |

☐ am größten
☐ am kleinsten

| 2 | 1 | 3 |

☐ am größten
☐ am kleinsten

2

| 1 | 3 | 1 | 3 |

☐ am größten
☐ am kleinsten

| 3 | 1 | 1 | 3 |

☐ am größten
☐ am kleinsten

| 1 | 3 | 3 | 1 |

☐ am größten
☐ am kleinsten

3 Bilde jeweils aus den 6 Zahlen eine Rechenmauer.

| 18 | 12 | 0 |
| 6 | 6 | 6 |

| 17 | 6 | 8 |
| 3 | 3 | 11 |

| 4 | 11 | 3 |
| 1 | 15 | 8 |

Hier beginne ich immer oben.

18

1 Um Korrekturen vornehmen zu können, schreiben die Schüler mit Bleistift oder legen zuerst mit Zahlenkarten.

102 103   57

Fragen und antworten

1 Lena hat _17_ €. Sie kauft: Wie viel Geld hat sie übrig?

Sie hat

2 Selim hat ___ €. Er kauft: Wie viel Geld hat er übrig?

3 Du hast ___ €. Du kaufst: Wie viel Geld hast du übrig?

1, 2 Rechnung und Antwortsatz schreiben. **3** Eine eigene Rechung ausdenken und die Rechnung mit Antwortsatz notieren.

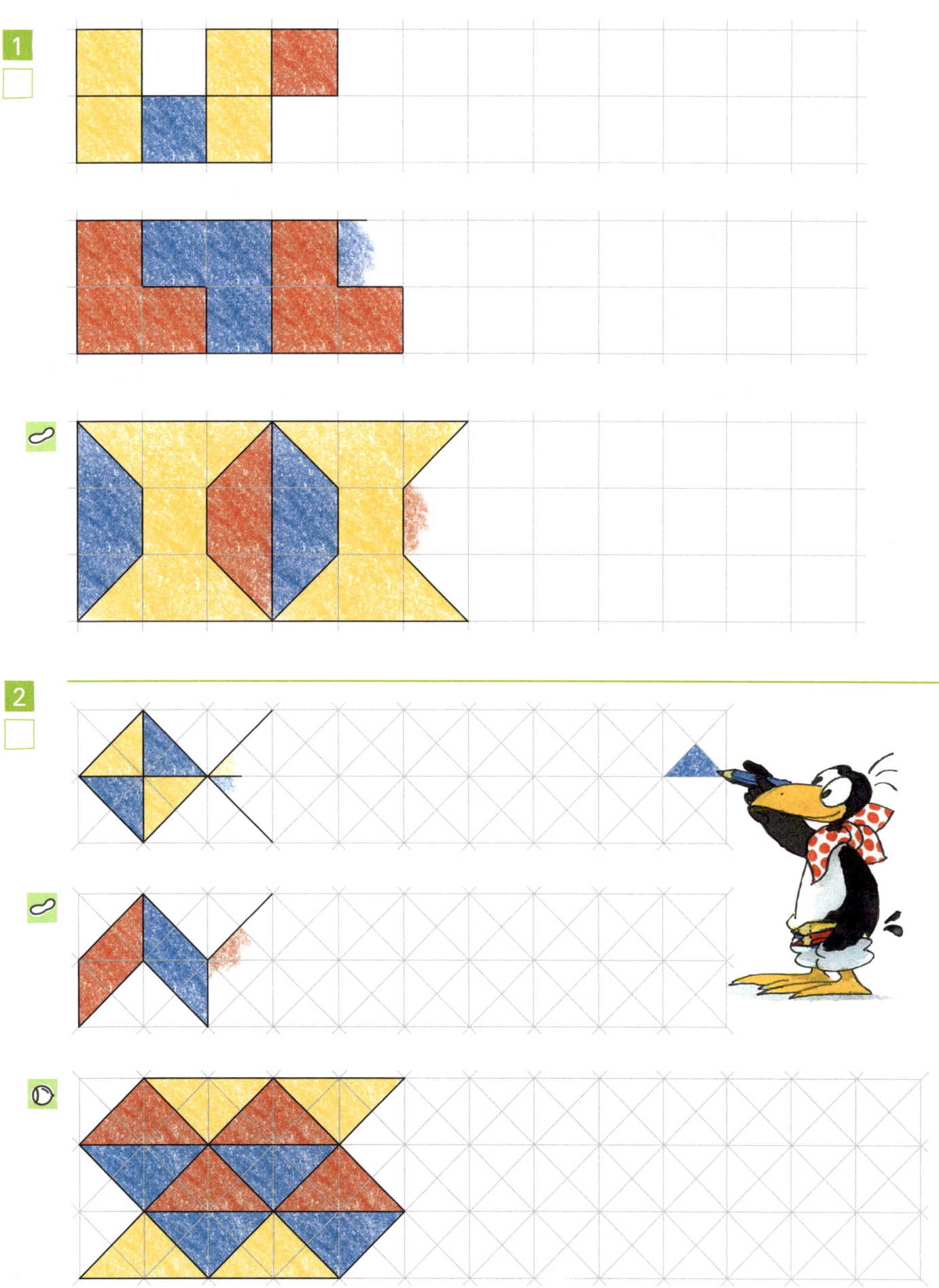

Mit dem Geobrett experimentieren

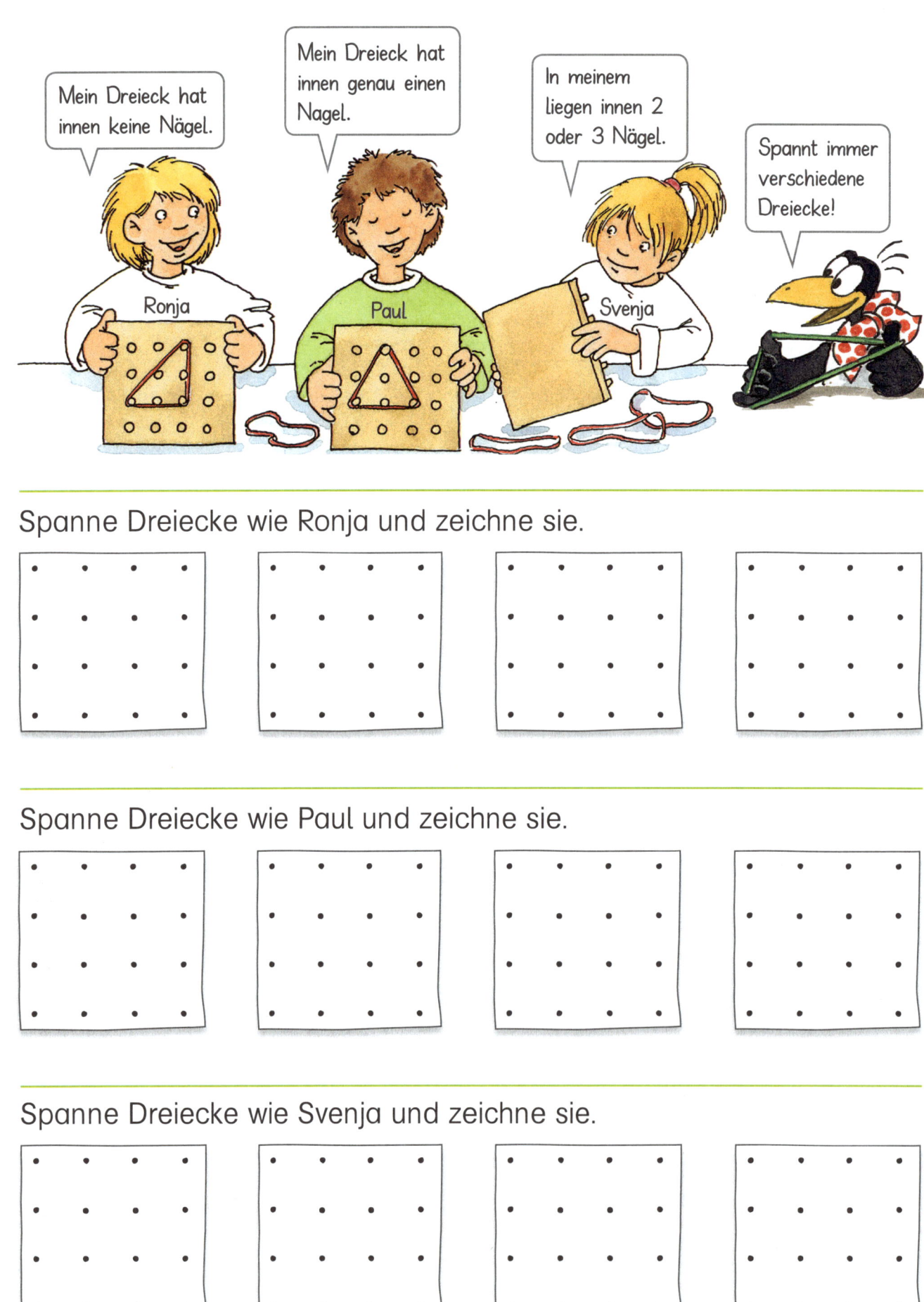

1 ✱ ☐ Spanne Dreiecke wie Ronja und zeichne sie.

2 ✱ ☐ Spanne Dreiecke wie Paul und zeichne sie.

3 ✎ ✱ ☐ Spanne Dreiecke wie Svenja und zeichne sie.

1 Löse.

2 Welche Zahlen fehlen?

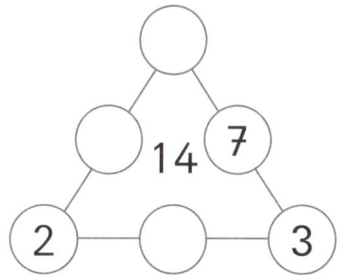 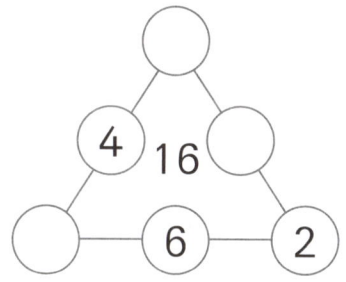 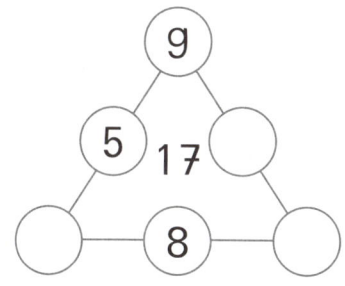

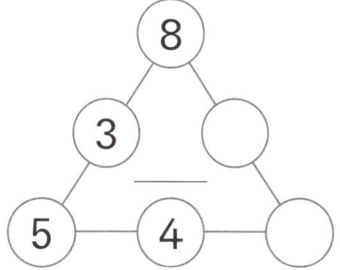 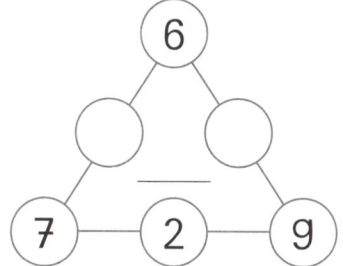 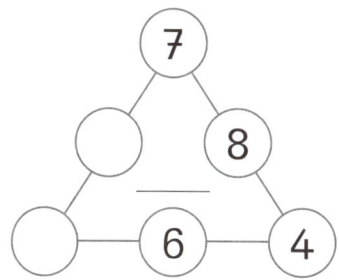

3 Löse durch Probieren.

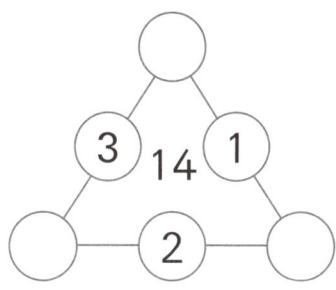 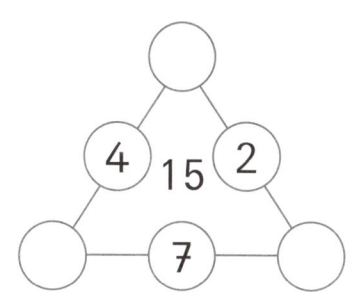 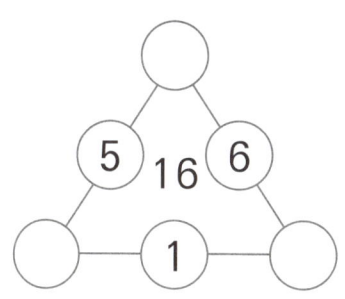

Zahlenfolgen

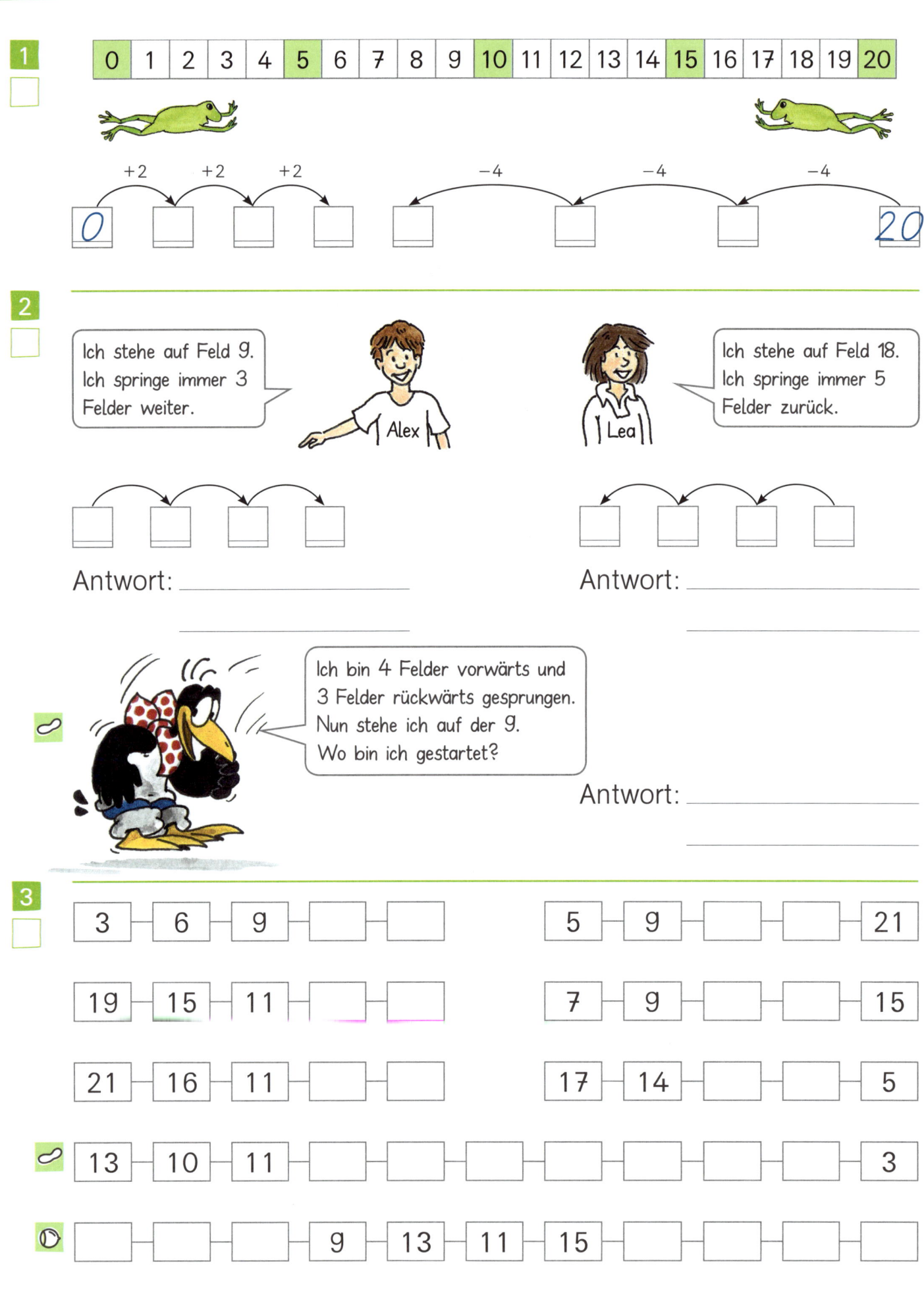

1

| 0 | 1 | 2 | 3 | 4 | 5 | 6 | 7 | 8 | 9 | 10 | 11 | 12 | 13 | 14 | 15 | 16 | 17 | 18 | 19 | 20 |

+2   +2   +2   −4   −4   −4

0 □ □ □   □ □ □ 20

2

Ich stehe auf Feld 9.
Ich springe immer 3
Felder weiter.

Alex

Ich stehe auf Feld 18.
Ich springe immer 5
Felder zurück.

Lea

□ □ □ □   □ □ □ □

Antwort: _____   Antwort: _____

_____

Ich bin 4 Felder vorwärts und
3 Felder rückwärts gesprungen.
Nun stehe ich auf der 9.
Wo bin ich gestartet?

Antwort: _____

_____

3

| 3 | 6 | 9 | | | | 5 | 9 | | | 21 |

| 19 | 15 | 11 | | | | 7 | 9 | | | 15 |

| 21 | 16 | 11 | | | | 17 | 14 | | | 5 |

| 13 | 10 | 11 | | | 3 |

| | | | 9 | 13 | 11 | 15 | | | |

1

| _11_ Uhr | ___ Uhr | ___ Uhr | ___ Uhr | ___ Uhr |

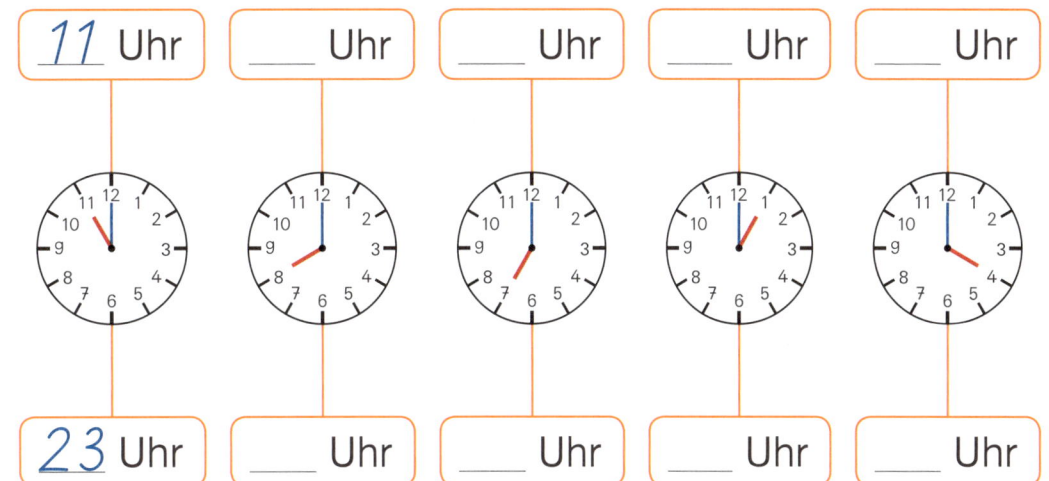

| _23_ Uhr | ___ Uhr | ___ Uhr | ___ Uhr | ___ Uhr |

2

Verbinde gleiche Uhrzeiten.

| 9:00 | 15:00 | 13:00 | 11:00 | 20:00 | 22:00 |

3

Welcher Wochentag liegt dazwischen?

Dienstag, _____, Donnerstag

Freitag, _____, Sonntag

Montag, _____, Mittwoch

4

Schau im Kalender nach. Welcher Wochentag ist es? Kreuze an.

	Mo	Di	Mi	Do	Fr	Sa	So
6. Juni							
14. Juni							
29. Juni							
2. Juni							
17. Juni							

	Mo	Di	Mi	Do	Fr	Sa	So
16. März							
19. April							
30. Mai							
6. Sept.							
28. Dez.							

Zeitpunkt und Zeitspanne

1

Öffnungszeiten
9.00 Uhr bis 18.00 Uhr
Streichelzoo:
11.00 Uhr bis 16.00 Uhr

ZOO

Nächste Führung

Jetzt ist es 9 Uhr.

Dann dauert es noch _____ Stunden bis zur nächsten Führung.

FÜTTERUNGSZEITEN

Affen
11.00 Uhr
16.00 Uhr

Löwen
12.00 Uhr
17.00 Uhr

Robben
10.00 Uhr
16.00 Uhr

Dauer jeweils 1 Stunde

2

Wie lange hat der Zoo geöffnet?

_____ Stunden

Der Zoo hat _____ Stunden geöffnet.

Wie lange hat der Streichelzoo geöffnet?

_____ Stunden

Der Streichelzoo hat _____ Stunden geöffnet.

3

Wie viel Zeit vergeht zwischen den Fütterungen?

	Ende der 1. Fütterung	Zwischenzeit	Beginn der 2. Fütterung
Affen	12.00 Uhr	_____ Stunden	16.00 Uhr
Löwen			
Robben			

Ich esse alle 6 Stunden etwas. Das macht _____ Mahlzeiten am Tag.

64

Isa hat Geburtstag. Wie alt wird sie? _____

Wie viele 🍫 sind es zusammen? _____

Wer sitzt zwischen Isa und Ali? _____

Wer hat die meisten 🍫 auf dem Teller? _____

Die Kinder spielen Ringe werfen:

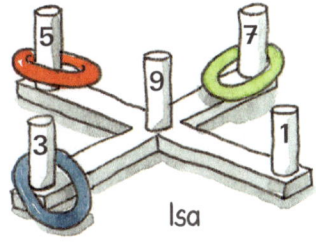

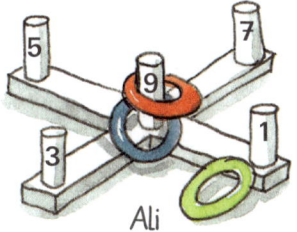

	blau	rot	grün	Punkte
Isa	3	5	7	15
Ali				
Paul				
Jana				

Wer hat die meisten Punkte? _____

Wer hat nur zweimal getroffen? _____

 Wie viele Punkte erzielen alle grünen Ringe? _____

 Wie viele Punkte erzielen alle roten Ringe? _____

Fragen zuordnen und stellen

1 Welches Bild gehört zu welcher Frage? Ordne zu und ergänze.

☐

1

2

3

5

4

6

[1] Aus wie vielen Bausteinen besteht Bens Haus?
Es besteht aus ___ Steinen.

☐ Wie viele Blumen liegen auf dem Tisch?
Auf dem Tisch liegen ___ Blumen.

☐ Wie viele Luftballons fliegen Lena weg?
Lena fliegen ___ Ballons weg.

☐ Aus wie vielen Bausteinen besteht Jans Brücke?
Sie besteht aus ___ Steinen.

☐ Aus wie vielen Blumen besteht der Strauß?
Der Strauß besteht aus ___ Blumen.

☐ _____

1 Jedes Bild einer Frage zuordnen und fehlende Angaben ergänzen.

1 Suche zuerst die Zauberzahl. Löse die Zauberquadrate.

6	1	
7	5	3
	9	

Immer ___

3	8	
	4	
	0	5

Immer ___

		5
	6	
7		3

Immer ___

2

7		5
2		6

Immer 12

	7	
9	5	
4		

Immer 15

3	10	
		4
		9

Immer 18

	4	0
1		

Immer 12

4		
	5	
2		

Immer 15

9		
	6	
	10	

Immer 18

3 Löse durch Probieren. Lege mit Zahlenkarten.

		2
	5	
8		

Immer 15

Hier gibt es mehrere Lösungen. Finde 2 davon.

		2
	5	
8		

Immer 15

Mit Rechenmauern experimentieren

1 Löse durch Probieren.

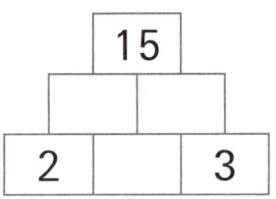 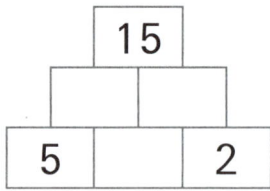 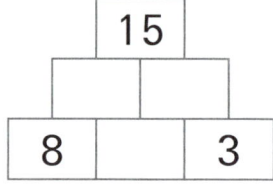

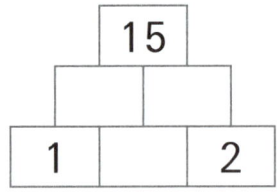 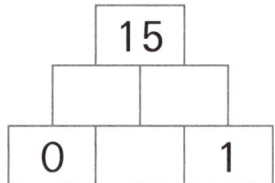 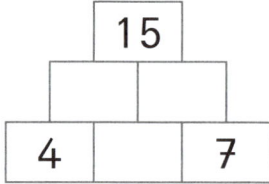

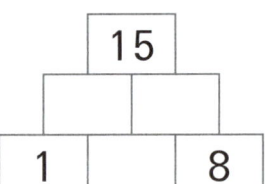 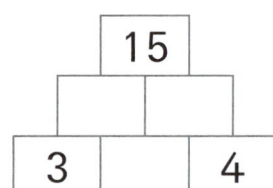 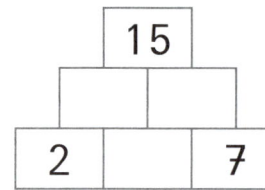

2 Finde alle 6 verschiedenen Lösungen.

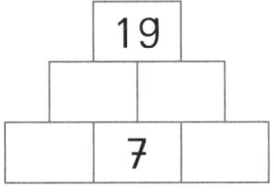 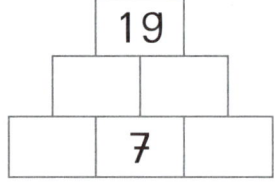 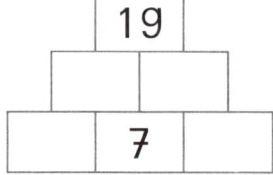

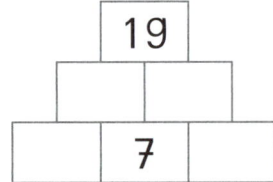 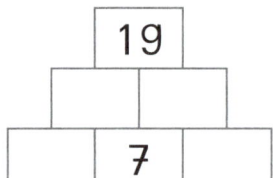 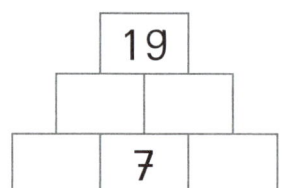

3 Finde alle 3 verschiedenen Lösungen.

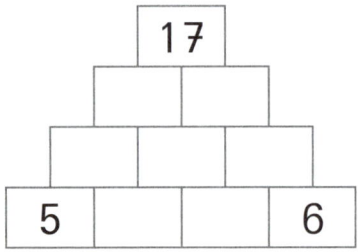 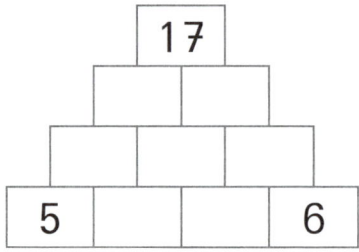 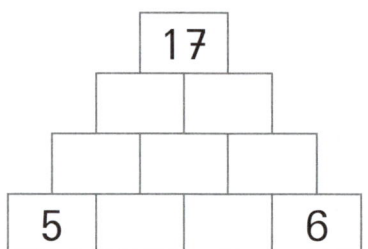

1 - 3 Rechenmauern mithilfe von Zahlenkarten lösen.

1 Was gehört zu welchem Bild? Ordne zu.

2 Tim nimmt 5 Blumen für jeden Strauß.

☐ Maria bekommt 3 Euro zurück.

☐ Wie viel Euro gibt sie der Verkäuferin?

☐ Wie viele Sträuße kann er binden?

☐ Kater Mika bekommt keinen Schokokuss.

☐ Tina hat drei Kinder eingeladen.

☐ Alles zusammen kostet 17 Euro.

☐ In der Schachtel sind 12 Schokoküsse. Wie oft kann sich jeder nehmen?

2 Welche Gleichung passt zu welchem Bild? Ordne zu.

$20 - 3 =$ _17_ ☐ 3 $15 - 5 =$ ___ ☐ $5 + 5 + 5 =$ ___ ☐

___ $+$ ___ $+$ ___ $= 12$ ☐ $1 + 3 =$ ___ ☐ $17 +$ ___ $= 20$ ☐

1

Löse immer durch Probieren.

2 Löse durch Probieren. Lege mit Zahlenkarten.

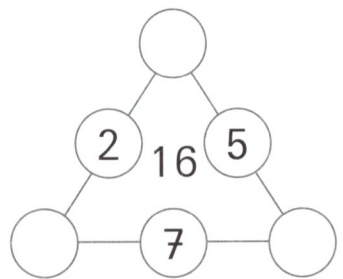 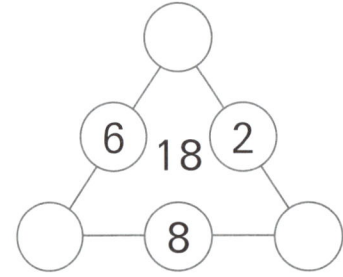 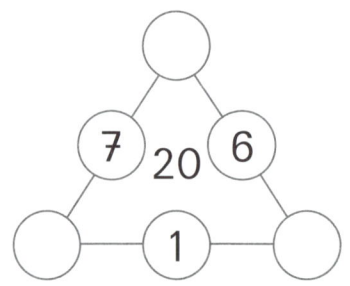

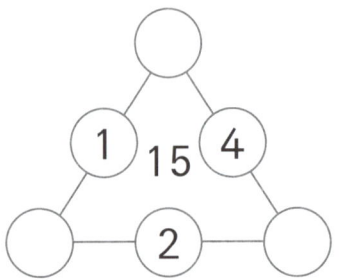 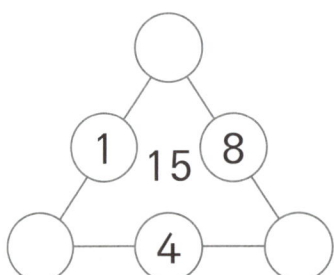 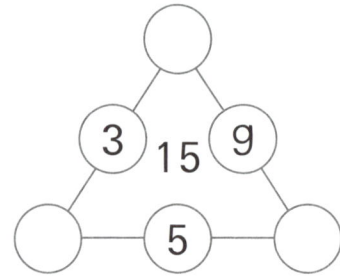

3 Löse durch Probieren. Lege mit Zahlenkarten.

2	4	6

Immer 12

6		
	5	
		4

Immer 15

		4
		6
		8

Immer 18

+	0	1	2	3	4	5	6	7	8	9	10
0											
1											
2											
3											
4											
5											
6											
7											
8											
9											
10										18		

10 + 8 = 18

Verdopplungsaufgaben: Lerne sie auswendig!

Verdoppeln nutzen

Ergänzungsaufgaben zur 10: Lerne sie auswendig!

Aufgaben mit 0 und 10

Ergebnisse kleiner als 10

Ergebnisse größer als 10